Comprendre les énergies fo

Dr. Alexandre Moreau

Comprendre les énergies fossiles en 10 étapes

Dr. Alexandre MOREAU

Préface

Dans le monde contemporain, où la question énergétique se place au centre des enjeux économiques, géopolitiques et environnementaux, comprendre les énergies fossiles n'est plus une option, mais une nécessité.

Après avoir exploré le domaine du nucléaire dans mon précédent ouvrage, Comprendre le nucléaire en 10 étapes, j'ai souhaité appliquer la même approche pédagogique et rigoureuse à un autre pilier fondamental de notre système énergétique : le trio qui a façonné notre civilisation industrielle – le charbon, le pétrole et le gaz naturel.

Ces ressources, formées au cours de millions d'années, ont propulsé l'humanité dans l'ère moderne et continuent d'alimenter une grande partie de nos activités. Pourtant, elles sont aujourd'hui au cœur de défis majeurs :

- Dépendance énergétique et tensions géopolitiques.
- Épuisement progressif des réserves et défis d'extraction.
- Impact environnemental et nécessité d'une transition énergétique.

Dans Comprendre le nucléaire en 10 étapes, nous avons examiné comment cette technologie offre une alternative décarbonée aux énergies fossiles, tout en soulevant des enjeux de sûreté et de gestion des déchets.

Mais que représente vraiment l'autre face du débat ? Comment les énergies fossiles se sont-elles imposées, et quels sont les défis qu'elles posent aujourd'hui ?

Ce livre se propose de démystifier ces énergies complexes en dix étapes accessibles. De leur formation géologique à leur impact environnemental, en passant par leur extraction, leur raffinage et leur rôle dans l'économie mondiale, chaque chapitre aborde un aspect fondamental pour construire une compréhension globale et nuancée.

Sans parti pris idéologique, mais avec la rigueur scientifique nécessaire, cet ouvrage vise à fournir les clés pour participer de façon éclairée aux grands débats énergétiques qui façonnent notre avenir commun.

À travers ce livre et celui sur le nucléaire, mon ambition est d'offrir une vision complète et équilibrée des choix énergétiques qui s'offrent à nous.

Bonne lecture,

Table des matières

Étape 1 : La genèse souterraine - Formation et découverte des énergies fossiles

Un voyage dans le temps géologique

Pour comprendre les énergies fossiles, il faut d'abord faire un extraordinaire voyage dans le temps. Ces ressources que nous extrayons aujourd'hui avec tant d'acharnement ont commencé leur histoire il y a des centaines de millions d'années, dans un monde radicalement différent du nôtre.

Le terme même d'"énergies fossiles" révèle leur nature : ce sont des vestiges d'organismes vivants qui, après leur mort, ont été progressivement transformés par des processus géologiques en substances riches en énergie. Cette transformation s'est déroulée sur des échelles de temps qui défient l'imagination humaine – de 300 à 360 millions d'années pour le charbon, plus de 150 millions d'années pour la plupart des gisements de pétrole et de gaz naturel.

Les trois grandes familles d'énergies fossiles

Bien que regroupées sous un même terme, les trois principales énergies fossiles – charbon, pétrole et gaz naturel – ont des origines distinctes :

- **Le charbon** provient principalement de matières végétales, en particulier des forêts luxuriantes qui couvraient de vastes régions durant l'ère paléozoïque, notamment pendant la période carbonifère (d'où son nom). Ces végétaux, en mourant, se sont accumulés dans des milieux marécageux pauvres en oxygène, ce qui a empêché leur décomposition complète.

- **Le pétrole et le gaz naturel** sont issus majoritairement d'organismes marins microscopiques (plancton, algues) qui se sont déposés sur les fonds océaniques, mêlés à des sédiments minéraux. Ces dépôts organiques se sont ensuite retrouvés enfouis sous d'épaisses couches sédimentaires.

Le processus de transformation

La transformation de matière organique en combustibles fossiles suit plusieurs étapes clés :

1. **L'accumulation** de matière organique dans un environnement privé d'oxygène, condition essentielle pour éviter sa décomposition complète.

2. **L'enfouissement** progressif sous des couches de sédiments, augmentant la pression exercée sur ces matières.

3. **La maturation** sous l'effet combiné de la pression (géostatique) et de la température (gradient géothermique), qui transforme lentement la matière organique.

Pour le charbon, ce processus de carbonification passe par plusieurs stades : tourbe, lignite, houille, anthracite – chaque étape représentant un enrichissement en carbone et donc en potentiel énergétique.

Pour le pétrole et le gaz, la matière organique est d'abord convertie en kérogène, puis, selon les conditions de pression et de température, se transforme en hydrocarbures liquides ou gazeux.

Les conditions de piégeage et de gisement

La simple formation d'hydrocarbures ne suffit pas à créer un gisement exploitable. Encore faut-il que ces ressources soient concentrées et piégées dans des structures géologiques particulières :

- Le charbon forme des couches ou "veines" intercalées entre des roches sédimentaires.

- Le pétrole et le gaz, plus mobiles, migrent à travers les roches poreuses jusqu'à être arrêtés par des structures imperméables, formant des "pièges" qui constituent les gisements.

Les types de pièges sont nombreux : anticlinaux, failles, dômes de sel, récifs fossiles… Cette diversité explique la répartition complexe des gisements à travers le monde.

Histoire des découvertes et de l'exploitation

L'utilisation des énergies fossiles par l'humanité remonte à des temps immémoriaux, mais leur exploitation industrielle est relativement récente :

- **Le charbon**, connu depuis l'Antiquité, commence à être exploité à grande échelle en Angleterre au XVIIIe siècle, devenant le moteur de la révolution industrielle.

- **Le pétrole** est utilisé depuis des millénaires sous forme de suintements naturels, mais le premier puits foré spécifiquement pour son extraction date de 1859, à Titusville en Pennsylvanie, par Edwin Drake.

- **Le gaz naturel**, souvent considéré comme un sous-produit gênant de l'exploitation pétrolière jusqu'au XXe siècle, n'a pris son essor comme ressource majeure que relativement récemment.

Les méthodes de prospection ont également évolué considérablement : des indices de surface qui guidaient les premiers explorateurs, nous sommes passés à des techniques sophistiquées de géophysique, notamment la sismique réflexion, qui permet d'imager les structures du sous-sol.

La répartition mondiale des ressources

La distribution des énergies fossiles à travers le globe est très inégale, reflet de conditions géologiques particulières :

- Les plus grands gisements de charbon se trouvent aux États-Unis, en Chine, en Russie, en Australie et en Inde.

- Les réserves prouvées de pétrole sont concentrées au Moyen-Orient (Arabie Saoudite, Iran, Irak), au Venezuela, au Canada et en Russie.

- Les principales réserves de gaz naturel se situent en Russie, en Iran, au Qatar et au Turkménistan.

Cette répartition inégale est à l'origine de nombreuses tensions géopolitiques et a façonné les relations internationales depuis plus d'un siècle.

À retenir

Notre monde moderne repose sur des ressources formées il y a des dizaines ou des centaines de millions d'années, à travers des processus naturels lents et complexes. Comprendre cette origine nous rappelle deux réalités fondamentales :

1. Ces ressources sont finies, car leur formation nécessite des échelles de temps géologiques incompatibles avec nos rythmes de consommation.

2. Leur exploitation consiste à réintroduire dans le cycle actuel du carbone des éléments qui en avaient été extraits il y a des millions d'années, perturbant ainsi les équilibres naturels.

La connaissance de cette genèse souterraine est le premier pas pour appréhender les défis contemporains liés aux énergies fossiles.

Étape 2 : Du carbone à l'énergie - Principes scientifiques fondamentaux

L'énergie chimique et les liaisons moléculaires

Pour saisir pleinement le potentiel énergétique des combustibles fossiles, il faut d'abord comprendre un principe fondamental de la chimie : l'énergie est stockée dans les liaisons entre les atomes. Les énergies fossiles sont essentiellement des composés riches en carbone et en hydrogène (hydrocarbures) dont les liaisons chimiques emmagasinent une quantité considérable d'énergie potentielle.

Lorsque nous brûlons un combustible fossile, nous provoquons une réaction d'oxydation qui rompt ces liaisons chimiques et en forme de nouvelles, libérant au passage l'énergie qui y était stockée. C'est ce principe simple mais puissant qui est à l'origine de la révolution industrielle et qui continue d'alimenter une grande partie de notre civilisation moderne.

La composition chimique des trois énergies fossiles

Bien que tous riches en carbone, les trois principaux combustibles fossiles présentent des compositions chimiques distinctes qui déterminent leurs propriétés et usages :

- **Le charbon** est principalement composé de carbone (60 à 95% selon sa qualité), d'hydrogène (3 à 6%), d'oxygène (jusqu'à 30% dans les charbons de moindre qualité), d'azote (1 à 2%) et de soufre (0,5 à 3%). Sa structure moléculaire est complexe, avec des cycles aromatiques interconnectés formant de grands réseaux moléculaires.

- **Le pétrole brut** est un mélange d'hydrocarbures allant des chaînes simples (alcanes) aux structures complexes (composés aromatiques polycycliques), contenant typiquement 83-87% de carbone, 11-14% d'hydrogène, et des quantités variables de soufre, azote et oxygène. Sa composition exacte varie considérablement selon les gisements.

- **Le gaz naturel** est composé majoritairement de méthane (CH_4, généralement 70 à 90%), avec des proportions variables d'éthane, propane, butane et autres gaz, dont certains non combustibles comme l'azote ou le dioxyde de carbone.

Le pouvoir calorifique : mesurer l'énergie contenue

Le pouvoir calorifique d'un combustible représente la quantité d'énergie libérée lors de sa combustion complète. Il s'exprime généralement en joules ou en kilowattheures par kilogramme ou par mètre cube.

On distingue le pouvoir calorifique supérieur (PCS), qui inclut l'énergie de condensation de la vapeur d'eau formée, et le pouvoir calorifique inférieur (PCI), qui ne la prend pas en compte et correspond davantage à l'énergie effectivement récupérable dans la plupart des applications.

Voici une comparaison des pouvoirs calorifiques moyens :

- Anthracite (charbon de haute qualité) : 30-33 MJ/kg
- Lignite (charbon de basse qualité) : 15-19 MJ/kg
- Pétrole brut : 42-44 MJ/kg
- Gaz naturel : 38-40 MJ/m³

Cette différence de densité énergétique explique en partie les préférences historiques pour certains combustibles dans diverses applications.

Les réactions de combustion

La combustion des énergies fossiles suit des principes chimiques similaires tout en présentant des spécificités pour chaque type de combustible.

La réaction générale peut être simplifiée comme suit : Combustible (C, H) + O_2 → CO_2 + H_2O + énergie

Pour le méthane, principal composant du gaz naturel, l'équation est simple et équilibrée : $CH_4 + 2O_2$ → $CO_2 + 2H_2O$ + 890 kJ/mol

Pour le pétrole et le charbon, les réactions sont plus complexes en raison de leur composition hétérogène, mais le principe reste le même : l'oxydation du carbone et de l'hydrogène produit du dioxyde de carbone, de l'eau et de l'énergie.

Les rendements énergétiques et les pertes

Entre l'énergie théoriquement contenue dans un combustible et celle effectivement utilisée, il existe un écart significatif dû à plusieurs facteurs :

1. **Pertes de conversion** : lors de la transformation d'énergie chimique en chaleur, puis de chaleur en travail mécanique ou en électricité.

2. **Pertes thermiques** : dissipation de chaleur dans l'environnement.

3. **Combustion incomplète** : formation de monoxyde de carbone (CO) ou de particules de carbone non brûlées.

4. **Limitations thermodynamiques** : régies par le second principe de la thermodynamique, qui impose des limites théoriques aux rendements (cycle de Carnot).

Les rendements typiques varient considérablement selon les technologies :

- Centrales électriques à charbon : 33-45%

- Centrales à cycle combiné au gaz naturel : jusqu'à 60%

- Moteurs à combustion interne (pétrole) : 20-35%

Cette notion de rendement est cruciale pour comprendre pourquoi, malgré leur densité énergétique élevée, les combustibles fossiles présentent une efficacité globale souvent modeste.

L'analyse du cycle de vie énergétique

Au-delà de la simple combustion, l'évaluation complète de l'efficacité des énergies fossiles nécessite de considérer l'ensemble du cycle de vie :

1. **Exploration et extraction** : énergie dépensée pour découvrir et extraire les ressources.

2. **Traitement et raffinage** : transformation des matières brutes en produits utilisables.

3. **Transport et distribution** : acheminement des produits vers les lieux de consommation.

4. **Utilisation finale** : combustion ou autre utilisation.

5. **Gestion des résidus** : traitement des déchets et émissions.

Le ratio entre l'énergie obtenue et l'énergie investie (EROI - Energy Return On Investment) est un indicateur clé qui tend à diminuer avec le temps, à mesure que les gisements facilement accessibles s'épuisent.

Les lois de la thermodynamique appliquées

Les énergies fossiles illustrent parfaitement les principes fondamentaux de la thermodynamique :

- **Premier principe** (conservation de l'énergie) : l'énergie contenue dans les liaisons chimiques des combustibles fossiles n'est ni créée ni détruite, mais transformée en chaleur, travail mécanique, etc.

- **Second principe** (entropie) : lors de ces transformations, une partie de l'énergie est nécessairement dégradée en chaleur non récupérable, ce qui limite les rendements maximaux théoriques.

- **Troisième principe** : il est impossible d'atteindre le zéro absolu, ce qui implique que même les systèmes les plus efficaces ont des pertes thermiques.

À retenir

Les énergies fossiles représentent une forme exceptionnellement concentrée d'énergie chimique, fruit de processus naturels ayant piégé l'énergie solaire pendant des millions d'années. Leur richesse en liaisons carbone-hydrogène en fait des vecteurs énergétiques puissants, mais soumis aux limites fondamentales des lois de la physique et de la chimie.

Comprendre ces principes scientifiques permet de mieux appréhender les défis techniques, économiques et environnementaux liés à leur exploitation. Par ailleurs, cette compréhension fournit un cadre essentiel pour évaluer objectivement les alternatives énergétiques possibles, qui devront offrir des avantages comparables en termes de densité énergétique et de facilité d'utilisation pour être viables à grande échelle.

Étape 3 : Le charbon - Histoire et techniques d'une énergie fondatrice

Aux origines de l'ère industrielle

Le charbon occupe une place particulière dans l'histoire de l'humanité : c'est la première énergie fossile à avoir été exploitée à grande échelle, et son utilisation massive a littéralement propulsé le monde dans l'ère industrielle. Pour comprendre notre monde actuel, il est essentiel de revenir aux racines de cette révolution énergétique.

Si l'utilisation ponctuelle du charbon remonte à plusieurs millénaires (des traces datant de 3000 av. J.-C. ont été retrouvées en Chine), c'est en Angleterre au XVIIIe siècle que son exploitation industrielle a véritablement débuté. Face à la déforestation massive qui menaçait les ressources en bois, le charbon s'est imposé comme une alternative abondante et concentrée.

L'invention de la machine à vapeur par Thomas Newcomen en 1712, puis son perfectionnement par James Watt à partir de 1769, a créé une synergie parfaite : le charbon alimentait les machines à vapeur qui, à leur tour, permettaient de pomper l'eau des mines pour extraire davantage de charbon. Cette boucle vertueuse a déclenché une accélération sans précédent du développement industriel.

Les différents types de charbon et leurs utilisations

Le terme générique "charbon" recouvre en réalité une famille de combustibles aux propriétés variées, résultant de degrés différents de carbonification :

- **La tourbe** : premier stade de la transformation, contenant seulement 50-60% de carbone. Bien qu'encore utilisée localement dans certains pays (Irlande, Finlande), elle est considérée comme un précurseur du charbon plutôt que comme un véritable charbon.

14

- **Le lignite** : charbon jeune (50-70 millions d'années), contenant 60-70% de carbone. De couleur brune, à forte teneur en eau et faible pouvoir calorifique. Utilisé principalement dans des centrales électriques proches des mines en raison de son faible rendement énergétique.

- **Le charbon sub-bitumineux** : intermédiaire entre lignite et houille, avec 71-77% de carbone.

- **La houille ou charbon bitumineux** : le plus commun (70-87% de carbone). Utilisé pour la production d'électricité et la fabrication d'acier (charbon à coke).

- **L'anthracite** : le plus évolué des charbons (87-97% de carbone), dur et brillant, à haut pouvoir calorifique. Utilisé pour le chauffage domestique et industriel.

Chaque type correspond à des usages spécifiques :

- Production d'électricité : principalement houille et lignite

- Sidérurgie : charbon à coke (une forme spécifique de houille)

- Cimenteries : divers types selon disponibilité locale

- Chauffage : historiquement anthracite pour le domestique

Géographie mondiale du charbon

Les ressources en charbon sont largement réparties à travers le monde, bien que de façon inégale. Les plus grandes réserves prouvées se trouvent dans :

1. Les États-Unis (près de 23% des réserves mondiales)

2. La Russie (15%)

3. L'Australie (14%)

4. La Chine (13%)

5. L'Inde (9%)

Cette distribution géographique a des implications géopolitiques moins aigües que pour le pétrole, car de nombreux pays disposent de réserves domestiques significatives. Toutefois, la qualité et l'accessibilité des gisements varient considérablement.

En termes de production actuelle, la Chine domine largement avec plus de 45% de la production mondiale, suivie par l'Inde, les États-Unis, l'Indonésie et l'Australie.

Techniques d'extraction : des galeries aux mines à ciel ouvert

L'extraction du charbon a connu des évolutions majeures au fil des siècles, passant de l'exploitation artisanale à des opérations industrielles hautement mécanisées :

L'exploitation souterraine suit principalement deux méthodes :

1. **Chambres et piliers** : la plus ancienne technique, où des "chambres" sont creusées en laissant des "piliers" de charbon pour soutenir le toit. Cette méthode permet de récupérer 40 à 60% du charbon.

2. **Longue taille** : méthode plus moderne et efficace, utilisant d'énormes machines qui extraient le charbon sur un long front continu. Le toit s'effondre de façon contrôlée derrière la progression de la machine. Cette technique permet de récupérer jusqu'à 90% du charbon, mais nécessite des investissements plus importants.

L'exploitation à ciel ouvert s'applique aux gisements proches de la surface :

1. La couche superficielle de sol et de roches (le "découvert") est retirée.

2. Le charbon exposé est extrait directement.

3. Le site est ensuite réhabilité, théoriquement.

Cette méthode, devenue majoritaire dans de nombreux pays (environ 40% de la production mondiale), présente des coûts d'extraction plus faibles mais un impact environnemental plus visible.

La chaîne de valeur du charbon

Entre la mine et l'utilisation finale, le charbon suit un parcours comprenant plusieurs étapes :

1. **Extraction** : abattage du charbon dans les mines souterraines ou à ciel ouvert.

2. **Préparation et traitement** : concassage, triage et lavage pour éliminer les impuretés (roches, soufre, etc.). Cette étape permet d'augmenter la qualité et donc la valeur du produit.

3. **Transport** : principalement par train, barge fluviale ou bateau pour les longues distances. Le coût du transport peut représenter jusqu'à 70% du coût total pour certaines destinations.

4. **Stockage et distribution** : création de stocks tampons pour sécuriser l'approvisionnement des centrales électriques et industries.

5. **Conversion en énergie finale** : combustion dans des centrales électriques, hauts fourneaux, cimenteries, etc.

Chaque étape contribue à l'empreinte économique et environnementale du charbon.

Les évolutions technologiques : vers un "charbon propre" ?

Face aux préoccupations environnementales croissantes, l'industrie du charbon a développé des technologies visant à réduire son impact :

1. **Charbon supercritique et ultra-supercritique** : centrales à plus haute pression et température, augmentant le rendement de 30-35% à 45-50%, réduisant ainsi les émissions par unité d'électricité produite.

2. **Gazéification intégrée à cycle combiné (IGCC)** : conversion du charbon en gaz de synthèse avant combustion, permettant une meilleure efficacité et une capture plus facile des polluants.

3. **Capture et stockage du carbone (CSC)** : technologies visant à capter le CO_2 émis lors de la combustion pour le stocker dans des formations géologiques profondes. Bien que techniquement réalisables, ces solutions restent coûteuses et sont peu déployées commercialement.

4. **Co-combustion avec biomasse** : mélange de charbon et de biomasse pour réduire l'empreinte carbone globale.

Ces technologies peuvent réduire significativement les émissions mais ne les éliminent pas complètement et augmentent généralement le coût de l'électricité produite.

L'impact du charbon sur les sociétés et les paysages

Au-delà de son rôle énergétique, le charbon a profondément marqué les sociétés et territoires où il a été exploité :

- **Bassins houillers et culture minière** : des régions entières ont été façonnées par l'exploitation du charbon, développant une identité culturelle forte (Nord-Pas-de-Calais en France, Ruhr en Allemagne, Pays de Galles au Royaume-Uni, Appalachia aux États-Unis).

- **Syndicalisme et luttes sociales** : les conditions difficiles du travail minier ont été un terreau fertile pour le développement du mouvement ouvrier.

- **Transformation des paysages** : terrils, affaissements de terrain, modification du réseau hydrographique.

- **Reconversions économiques** : la fermeture progressive des mines dans de nombreux pays développés a nécessité des reconversions économiques parfois difficiles, laissant des cicatrices sociales durables.

À retenir

Premier combustible fossile exploité à grande échelle, le charbon a été le moteur initial de la révolution industrielle et reste aujourd'hui une source d'énergie majeure, particulièrement pour la production d'électricité et la sidérurgie.

Malgré les progrès technologiques visant à réduire son impact environnemental, le charbon reste l'énergie fossile la plus émettrice de CO_2 par unité d'énergie produite. Son abondance et son coût relativement faible expliquent néanmoins sa persistance dans le mix énergétique mondial, particulièrement dans les pays en développement.

L'histoire du charbon illustre parfaitement les liens complexes entre ressources énergétiques, développement économique, enjeux sociaux et défis environnementaux – une leçon précieuse pour appréhender les transitions énergétiques actuelles et futures.

Étape 4 : Le pétrole - Or noir et enjeux mondiaux

La substance qui a façonné le XXe siècle

Si le charbon a été le combustible de la première révolution industrielle, le pétrole a incontestablement été celui de la seconde, transformant radicalement nos sociétés, nos économies et nos modes de vie au cours du XXe siècle. Liquide, dense en énergie et relativement facile à transporter, le pétrole s'est imposé comme la ressource stratégique par excellence.

L'histoire moderne du pétrole commence symboliquement le 27 août 1859, lorsque Edwin Drake fore avec succès le premier puits de pétrole commercial à Titusville, en Pennsylvanie, à une profondeur de 21 mètres seulement. Initialement utilisé principalement pour l'éclairage (kérosène) en remplacement de l'huile de baleine, le pétrole va voir ses applications se multiplier avec l'invention du moteur à combustion interne et l'essor de l'automobile au début du XXe siècle.

La Première Guerre mondiale révèle l'importance militaire cruciale du pétrole, conduisant Lord Curzon à déclarer que "les Alliés ont navigué vers la victoire sur une vague de pétrole". Dès lors, la maîtrise des ressources pétrolières devient un enjeu géopolitique majeur qui continue de façonner les relations internationales jusqu'à nos jours.

Composition et classification des pétroles bruts

Le pétrole brut est un mélange complexe d'hydrocarbures de différentes tailles moléculaires, accompagnés de composés contenant du soufre, de l'azote, de l'oxygène et divers métaux en faibles quantités. Cette composition varie considérablement selon les gisements, influençant la valeur et les utilisations possibles de chaque type de brut.

Les pétroles bruts sont classifiés selon plusieurs critères :

- **Densité (légèreté)** : mesurée en degrés API (American Petroleum Institute). Plus le degré API est élevé, plus le pétrole est léger.

  - Pétrole extra-léger : >50° API

  - Pétrole léger : 31,1-50° API

  - Pétrole moyen : 22,3-31,1° API

  - Pétrole lourd : 10-22,3° API

  - Pétrole extra-lourd : <10° API

- **Teneur en soufre** :

  - Pétrole doux (sweet) : <0,5% de soufre

  - Pétrole moyen : 0,5-1,5% de soufre

  - Pétrole acide (sour) : >1,5% de soufre

Ces caractéristiques déterminent la valeur marchande du brut : les pétroles légers et doux sont généralement plus valorisés car ils nécessitent moins de traitement pour produire des carburants légers comme l'essence.

Les pétroles de référence sur les marchés mondiaux incluent le West Texas Intermediate (WTI) américain, le Brent de la mer du Nord, et le Dubai Crude du Moyen-Orient, chacun servant d'indice de prix pour des pétroles de caractéristiques similaires.

Les gisements : de la prospection à l'évaluation des réserves

La découverte et l'évaluation de nouveaux gisements de pétrole suivent un processus sophistiqué combinant géologie, géophysique et ingénierie :

1. **Études géologiques préliminaires** : identification de bassins sédimentaires susceptibles de contenir des hydrocarbures.

2. **Prospection géophysique** : principalement par sismique réflexion, consistant à envoyer des ondes acoustiques dans le sous-sol et à analyser leur réflexion pour identifier des structures potentiellement propices.

3. **Forage d'exploration** : seul moyen de confirmer la présence effective d'hydrocarbures. Statistiquement, seul un forage sur dix environ aboutit à une découverte commerciale.

4. **Délimitation et évaluation** : plusieurs puits sont forés pour déterminer l'étendue du gisement et estimer les réserves.

Les réserves pétrolières sont classées en plusieurs catégories selon leur degré de certitude :

- **Réserves prouvées (1P)** : volumes récupérables avec une probabilité d'au moins 90% dans les conditions économiques et techniques actuelles.

- **Réserves probables (2P)** : réserves prouvées plus les volumes récupérables avec une probabilité d'au moins 50%.

- **Réserves possibles (3P)** : réserves 2P plus les volumes récupérables avec une probabilité d'au moins 10%.

À fin 2024, les réserves prouvées mondiales s'élevaient à environ 1,7 trillion de barils, avec une concentration significative au Moyen-Orient (environ 48% du total mondial). Le Venezuela possède les plus grandes réserves prouvées grâce à ses pétroles extra-lourds de la ceinture de l'Orénoque, suivi par l'Arabie Saoudite, le Canada (incluant les sables bitumineux), l'Iran et l'Irak.

Techniques d'extraction : du puits conventionnel aux hydrocarbures non conventionnels

L'extraction du pétrole a connu une évolution technologique constante, adaptée à la diversité des gisements exploités :

Extraction conventionnelle :

1. **Récupération primaire** : le pétrole remonte naturellement à la surface grâce à la pression du gisement, permettant de récupérer typiquement 5 à 15% des hydrocarbures en place.

2. **Récupération secondaire** : injection d'eau ou de gaz pour maintenir la pression et pousser le pétrole vers les puits de production, augmentant le taux de récupération à 30-40%.

3. **Récupération tertiaire** (ou améliorée) : techniques plus sophistiquées comme l'injection de CO_2, de polymères, ou la stimulation thermique, pouvant porter le taux de récupération jusqu'à 60%.

Extraction non conventionnelle :

1. **Pétrole de schiste** (tight oil) : exploité par la combinaison du forage horizontal et de la fracturation hydraulique, technique qui consiste à injecter sous haute pression un mélange d'eau, de sable et d'additifs chimiques pour fracturer la roche-mère et libérer les hydrocarbures. Cette "révolution du schiste" a transformé l'industrie pétrolière américaine depuis 2010.

2. **Sables bitumineux** : exploités principalement au Canada (Alberta), soit par extraction minière à ciel ouvert pour les gisements peu profonds, soit par injection de vapeur (SAGD - Steam Assisted Gravity Drainage) pour les gisements plus profonds. Le bitume extrait doit ensuite être valorisé pour obtenir un pétrole synthétique.

3. **Pétrole extra-lourd** : nécessite généralement des techniques thermiques pour diminuer sa viscosité et permettre son écoulement.

Ces techniques non conventionnelles ont considérablement élargi la base de ressources accessibles, mais à des coûts économiques et environnementaux généralement plus élevés.

Le raffinage : transformer le brut en produits utiles

Le pétrole brut a peu d'applications directes ; sa valeur réside dans les nombreux produits qui en sont dérivés grâce au raffinage, processus industriel complexe qui sépare et transforme les hydrocarbures :

1. **Distillation atmosphérique** : première étape séparant le brut en fractions selon leurs points d'ébullition :

    o Gaz de pétrole (propane, butane) : <40°C

    o Naphta léger (matière première pétrochimique) : 40-100°C

    o Essence : 40-180°C

    o Kérosène (carburant aviation) : 180-240°C

    o Gazole/diesel : 240-350°C

    o Résidu atmosphérique : >350°C

2. **Distillation sous vide** : traitement du résidu atmosphérique pour obtenir des fractions supplémentaires sans décomposition thermique.

3. **Conversion** : procédés modifiant la structure moléculaire pour obtenir davantage de produits légers à forte valeur ajoutée :

    o Craquage catalytique (FCC) : fragmente les molécules lourdes

    o Reformage catalytique : restructure les molécules pour améliorer l'indice d'octane

    o Hydrocraquage : combine craquage et hydrogénation

    o Visbreaking et coking : traitement thermique des résidus

4. **Traitement** : élimination des impuretés (soufre, azote) pour répondre aux spécifications environnementales.

5. **Mélange (blending)** : combinaison de différents composants pour obtenir les produits commerciaux finaux.

Une raffinerie moderne est une installation industrielle hautement intégrée, optimisée pour maximiser la valeur extraite de chaque baril de brut. Sa configuration précise dépend de la qualité des bruts traités et de la demande du marché local.

Les produits pétroliers et leurs usages

Le pétrole est à l'origine d'une vaste gamme de produits qui ont pénétré pratiquement tous les aspects de notre vie quotidienne :

Carburants et combustibles (environ 70-75% de l'utilisation du pétrole) :

- Essence : transport routier léger

- Diesel/gazole : transport routier lourd, agriculture, génération électrique

- Kérosène : aviation

- Fioul lourd : transport maritime, chauffage industriel

- GPL (Gaz de Pétrole Liquéfié) : chauffage, cuisson, carburant alternatif

Matières premières pétrochimiques (10-15%) :

- Éthylène, propylène, butadiène, benzène : bases de l'industrie chimique

- Plastiques : polyéthylène, polypropylène, PVC, polystyrène

- Fibres synthétiques : polyester, nylon, acrylique

- Caoutchouc synthétique

- Détergents, solvants, adhésifs

- Produits pharmaceutiques

Autres produits (10-15%) :

- Bitume : routes, étanchéité

- Lubrifiants : huiles moteur, graisses industrielles

- Cires et paraffines

- Coke de pétrole : métallurgie, cimenteries

Cette diversité explique pourquoi le pétrole est souvent qualifié de "ressource trop précieuse pour être simplement brûlée" et pourquoi sa substitution complète représente un défi considérable.

Le marché pétrolier mondial : acteurs et dynamiques

Le marché pétrolier est l'un des plus vastes et des plus complexes de l'économie mondiale, influencé par de multiples facteurs économiques, technologiques et géopolitiques :

Les acteurs majeurs :

1. **Pays producteurs** : regroupés au sein de l'OPEP (Organisation des Pays Exportateurs de Pétrole) et OPEP+ (incluant la Russie et d'autres producteurs non-OPEP), ou indépendants comme les États-Unis, le Canada, la Norvège.

2. **Compagnies pétrolières** :

   o Supermajors privées (ExxonMobil, Chevron, Shell, BP, TotalEnergies)

   o Compagnies nationales (Saudi Aramco, NIOC iranienne, PDVSA vénézuélienne, CNPC chinoise)

   o Indépendants et sociétés de services

3. **Négociants et intermédiaires** : Vitol, Glencore, Trafigura, etc.

4. **Institutions financières** : banques d'investissement, fonds spéculatifs, bourses (NYMEX, ICE)

Mécanismes de prix :

- Marchés spot (livraison immédiate)
- Marchés à terme (contrats futures et options)
- Benchmarks régionaux : WTI, Brent, Dubai

Facteurs influençant les prix :

- Équilibre offre/demande fondamental
- Décisions de production de l'OPEP+
- Événements géopolitiques (conflits, sanctions)
- Croissance économique mondiale
- Politiques environnementales et taxation carbone
- Évolutions technologiques (efficacité, alternatives)
- Spéculation financière

Ces multiples influences expliquent la volatilité caractéristique des prix du pétrole, passés de moins de 10$ à plus de 140$ le baril au cours des dernières décennies.

La géopolitique du pétrole : conflits et dépendances

Peu de ressources ont autant influencé les relations internationales que le pétrole au cours du XXe siècle et jusqu'à nos jours :

Le pétrole comme enjeu stratégique :

- Guerres du Golfe (1991, 2003)
- Tensions en mer de Chine méridionale
- Sanctions contre l'Iran, le Venezuela, la Russie

- Sécurisation des routes maritimes (détroits d'Ormuz, de Malacca)

Dépendances et vulnérabilités :

- Pays importateurs : Chine, Inde, Japon, Union Européenne
- Pays exportateurs dépendants des revenus pétroliers : Arabie Saoudite, Russie, Venezuela, Nigeria

L'arme pétrolière :

- Embargo de 1973 suite à la guerre du Kippour
- Manipulation des prix par l'OPEP pour influencer les politiques occidentales ou éliminer la concurrence

Évolutions récentes :

- L'autosuffisance énergétique américaine grâce au pétrole de schiste
- La montée en puissance de la Chine comme importateur majeur
- Diversification économique des monarchies du Golfe
- Impact des politiques climatiques sur les stratégies des acteurs

Les défis environnementaux : du puits au pot d'échappement

L'exploitation et l'utilisation du pétrole génèrent des impacts environnementaux à chaque étape de sa chaîne de valeur :

Extraction :

- Perturbation des écosystèmes (déforestation, fragmentation des habitats)
- Pollutions locales (fuites, déversements accidentels)
- Séismes induits par la fracturation hydraulique

- Consommation d'eau (notamment pour l'exploitation non conventionnelle)

Transport :

- Marées noires (Exxon Valdez 1989, Deepwater Horizon 2010)
- Émissions fugitives de méthane et autres composés organiques volatils (COV)

Raffinage :

- Émissions atmosphériques (SOx, NOx, particules)
- Rejets d'effluents liquides
- Consommation énergétique élevée

Utilisation finale :

- Émissions de gaz à effet de serre (CO_2, méthane)
- Pollution atmosphérique urbaine (particules fines, ozone, NOx)
- Contamination des sols et des eaux

L'industrie pétrolière a réalisé des progrès significatifs pour réduire ces impacts (réduction du torchage, amélioration de l'efficacité énergétique des raffineries, développement de carburants plus propres), mais le défi fondamental des émissions de CO_2 liées à la combustion des produits pétroliers reste entier.

À retenir

Le pétrole a été la pierre angulaire du développement économique mondial au XXe siècle et reste aujourd'hui la première source d'énergie primaire dans le monde. Sa densité énergétique exceptionnelle et sa facilité d'utilisation, notamment dans les transports, en ont fait une ressource difficilement substituable.

Les défis contemporains - épuisement progressif des gisements conventionnels, impacts environnementaux, volatilité des prix, tensions géopolitiques - poussent néanmoins à une réflexion sur l'avenir de cette ressource. L'ère du "pétrole facile" semble révolue, et le secteur doit s'adapter à un contexte où les considérations environnementales prennent une importance croissante.

La transition énergétique en cours ne signifie pas la fin immédiate du pétrole, mais plutôt une évolution de son rôle : probablement moins dominant dans le mix énergétique global, mais conservant une place significative dans la pétrochimie et certains secteurs difficiles à électrifier comme l'aviation long-courrier ou le transport maritime.

Étape 5 : Le gaz naturel - L'énergie fossile de transition

Une ressource longtemps sous-estimée

Pendant la majeure partie du XXe siècle, le gaz naturel a vécu dans l'ombre du pétrole et du charbon, souvent considéré comme un sous-produit gênant de la production pétrolière, fréquemment brûlé en torchère sur les sites d'extraction. Ce n'est qu'à partir des années 1970-1980 que son potentiel a commencé à être pleinement reconnu et exploité, marquant le début de son ascension dans le mix énergétique mondial.

Cette évolution s'explique par plusieurs facteurs : la prise de conscience des avantages environnementaux du gaz face au charbon et au pétrole, le développement des infrastructures de transport et de distribution, les progrès technologiques dans l'exploration et la production, et plus récemment, la révolution du gaz de schiste. Aujourd'hui, le gaz naturel représente environ un quart de la consommation énergétique mondiale et est souvent présenté comme une "énergie de transition" vers un système énergétique décarboné.

Composition et propriétés

Le gaz naturel est principalement composé de méthane (CH_4, généralement 70 à 95% du volume), accompagné de proportions variables d'autres hydrocarbures légers (éthane, propane, butane), de gaz inertes (azote, dioxyde de carbone) et, dans certains gisements, d'impuretés comme l'hydrogène sulfuré ou le mercure.

Cette composition confère au gaz naturel des propriétés particulières :

- **Pouvoir calorifique** : varie généralement entre 38 et 42 MJ/m^3, selon la composition exacte.

31

- **Densité** : plus léger que l'air (densité relative d'environ 0,6), ce qui facilite sa dispersion en cas de fuite mais nécessite des précautions particulières pour son stockage.

- **Inflammabilité** : s'enflamme uniquement dans une plage de concentration dans l'air comprise entre 5 et 15% environ.

- **Odeur** : naturellement inodore, il est odorisé (généralement avec des composés soufrés comme le tétrahydrothiophène) pour des raisons de sécurité avant distribution aux consommateurs.

Le gaz naturel présente plusieurs avantages par rapport aux autres combustibles fossiles :

- Combustion plus propre avec moins d'émissions de polluants (particules, SOx, NOx)

- Contenu en carbone plus faible par unité d'énergie produite (environ -30% par rapport au pétrole, -45% par rapport au charbon)

- Rendement énergétique élevé dans les applications modernes (centrales à cycle combiné)

Gisements et réserves mondiales

Le gaz naturel se trouve dans trois types principaux de gisements :

1. **Gisements associés** : le gaz est présent avec le pétrole, soit dissous, soit sous forme de "gas cap" au-dessus du pétrole.

2. **Gisements non associés** : réservoirs contenant uniquement ou très majoritairement du gaz naturel.

3. **Gisements non conventionnels** :

   - Gaz de schiste (shale gas) : piégé dans des roches-mères à faible perméabilité

   - Gaz de réservoir compact (tight gas) : dans des formations gréseuses ou calcaires peu perméables

- o Méthane de houille (coalbed methane) : adsorbé dans les veines de charbon

- o Hydrates de méthane : molécules de méthane piégées dans une structure cristalline d'eau, principalement en milieu marin profond ou dans le pergélisol arctique (encore non exploités commercialement)

Les réserves prouvées mondiales de gaz naturel étaient estimées à environ 200 000 milliards de mètres cubes fin 2024, représentant environ 50 ans de production au rythme actuel. Ces réserves sont réparties de façon moins concentrée que celles de pétrole, avec trois régions majeures :

1. **Moyen-Orient** : Qatar, Iran (détenteur des plus grandes réserves mondiales avec le gisement de South Pars/North Dome partagé avec le Qatar)

2. **Russie et Asie centrale** : Russie (Sibérie occidentale, Yamal), Turkménistan

3. **Amérique du Nord** : États-Unis (principalement gaz de schiste), Canada

Les réserves de gaz non conventionnel, particulièrement le gaz de schiste, ont considérablement modifié la géographie gazière mondiale au cours de la dernière décennie, faisant des États-Unis le premier producteur mondial et potentiellement exportateur majeur.

Extraction et traitement

L'extraction du gaz naturel partage de nombreuses similitudes avec celle du pétrole, mais présente aussi des spécificités :

Gaz conventionnel :

- Forage vertical ou dévié jusqu'au réservoir

- Récupération facilitée par la mobilité naturelle du gaz

- Taux de récupération généralement élevés (70-80% du gaz en place)

Gaz non conventionnel :

- Combinaison de forage horizontal et fracturation hydraulique pour le gaz de schiste
- Dépressurisation pour le méthane de houille
- Stimulation des réservoirs par fracturation et acidification pour le gaz de réservoir compact

Une fois extrait, le gaz brut doit être traité pour devenir commercialisable :

1. **Déshydratation** : élimination de la vapeur d'eau pour éviter la formation d'hydrates et la corrosion.

2. **Élimination des composés acides** : retrait du H_2S (hydrogène sulfuré) et du CO_2 par absorption chimique ou adsorption physique.

3. **Extraction des liquides de gaz naturel (LGN)** : séparation des hydrocarbures plus lourds (éthane, propane, butane, condensats) par refroidissement et/ou turbo-expansion.

4. **Ajustement calorifique** : dans certains cas, ajout d'azote ou de propane pour atteindre les spécifications énergétiques requises par le marché.

Le traitement du gaz produit non seulement du gaz commercialisable mais aussi des sous-produits valorisables (GPL, condensats) qui contribuent significativement à l'économie des projets gaziers.

Transport et stockage : les défis logistiques

Contrairement au pétrole, le gaz naturel pose des défis logistiques majeurs en raison de son état gazeux à température ambiante :

Transport par gazoduc :

- Méthode principale pour les marchés continentaux

- Nécessite d'importants investissements initiaux mais offre ensuite des coûts opérationnels relativement faibles

- Stations de compression tous les 100-200 km pour maintenir la pression et le débit

- Réseaux majeurs : système russe vers l'Europe, interconnexions nord-américaines, gazoduc Force de Sibérie vers la Chine

Transport maritime sous forme de GNL (Gaz Naturel Liquéfié) :

1. **Liquéfaction** : refroidissement à environ -162°C pour réduire le volume d'un facteur 600

2. **Transport** : par méthaniers spécialement conçus avec des cuves cryogéniques

3. **Regazéification** : dans des terminaux dédiés avant injection dans le réseau de distribution

La chaîne GNL, bien que coûteuse et énergétiquement intensive, a révolutionné le marché gazier en permettant des échanges intercontinentaux et en réduisant la dépendance aux gazoducs. Elle représente aujourd'hui environ un tiers du commerce international de gaz.

Stockage :

- Stockages souterrains : anciens gisements déplétés, aquifères, cavités salines

- Stockages de GNL : réservoirs cryogéniques pour les variations saisonnières de demande

- Stockage en ligne (linepack) : variation de pression dans les gazoducs pour les fluctuations quotidiennes

Le stockage joue un rôle crucial pour gérer la saisonnalité de la demande (chauffage en hiver) et assurer la sécurité d'approvisionnement.

Utilisations et marchés

Le gaz naturel se distingue par la diversité de ses applications :

Production d'électricité (environ 40% de la consommation mondiale) :

- Centrales à cycle simple (turbines à gaz) : rendement 35-40%

- Centrales à cycle combiné (CCGT) : rendement jusqu'à 60-63%

- Cogénération : production simultanée d'électricité et de chaleur, rendements globaux >80%

Usages industriels (environ 30%) :

- Source de chaleur pour procédés industriels

- Matière première pour la production d'hydrogène, d'ammoniac, de méthanol et autres produits chimiques

- Réduction directe du minerai de fer en sidérurgie

Résidentiel et commercial (environ 20%) :

- Chauffage des bâtiments

- Production d'eau chaude sanitaire

- Cuisson

Transport (environ 5%, en croissance) :

- GNV (Gaz Naturel pour Véhicules) / GNC (Gaz Naturel Comprimé)

- GNL pour le transport maritime et le transport routier lourd

Marchés et prix :

Historiquement, le marché du gaz a été régionalisé en raison des contraintes de transport, avec trois grands marchés distincts :

- Amérique du Nord (henry Hub comme référence de prix)
- Europe (TTF néerlandais, NBP britannique)
- Asie (indexation sur le prix du pétrole au Japon, Corée, Taiwan)

Le développement du GNL tend à connecter ces marchés et à favoriser une convergence partielle des prix, même si des différences régionales significatives persistent.

Le modèle de tarification a également évolué d'une indexation sur les produits pétroliers vers des marchés spot et à terme de plus en plus liquides, reflétant mieux l'équilibre offre-demande propre au gaz.

Le gaz naturel dans la transition énergétique

Le rôle du gaz naturel dans la transition vers une économie bas-carbone fait l'objet de débats intenses :

Arguments en faveur du gaz comme "énergie de transition" :

- Émissions de CO_2 réduites par rapport au charbon et au pétrole
- Flexibilité des centrales à gaz, complémentaire aux énergies renouvelables intermittentes
- Infrastructure existante pouvant potentiellement être reconvertie pour l'hydrogène
- Solution immédiatement disponible pour réduire les émissions du secteur électrique

Arguments critiques :

- Émissions de méthane tout au long de la chaîne de valeur (fuites, émissions fugitives), réduisant l'avantage climatique
- Risque de "verrouillage carbone" par des investissements dans des infrastructures gazières à longue durée de vie
- Compétition croissante des énergies renouvelables et du stockage d'électricité

Ces dernières années, plusieurs concepts ont émergé pour tenter de concilier l'utilisation du gaz avec les objectifs climatiques :

- **Gaz décarboné** : biométhane issu de la méthanisation de matières organiques ou de la gazéification de biomasse
- **Captage et stockage du carbone** (CSC) appliqué aux centrales à gaz
- **Hydrogène bleu** : produit à partir de gaz naturel avec captage du CO_2
- **Power-to-gas** : production de méthane de synthèse à partir d'électricité renouvelable

La géopolitique du gaz : interdépendances et vulnérabilités

Les dynamiques géopolitiques du gaz présentent des spécificités par rapport à celles du pétrole :

1. **Dépendances structurelles** créées par les infrastructures fixes (gazoducs) :
   - Relation Russie-Europe jusqu'à la crise ukrainienne
   - Interdépendances en Asie centrale
   - Corridors méditerranéens (Algérie-Europe)

2. **Organisations internationales** :
   - Forum des pays exportateurs de gaz (FPEG) : tentative limitée d'organisation type "OPEP du gaz"

- ○ Association internationale pour le gaz naturel (IGU) : coopération technique

3. **Évolutions récentes** :
    - ○ Impact de la révolution du gaz de schiste américain sur l'équilibre des pouvoirs
    - ○ Montée en puissance du Qatar comme acteur global du GNL
    - ○ Crise énergétique européenne depuis 2021-2022 et recherche de diversification
    - ○ Développement du "corridor sud" pour l'approvisionnement européen (gazoduc transanatolien)

4. **Tensions régionales** :
    - ○ Délimitations maritimes en Méditerranée orientale (gisements offshore)
    - ○ Transit à travers l'Ukraine
    - ○ Gisements transfrontaliers (Chypre/Turquie, Iran/Qatar)

Le développement du GNL a introduit plus de flexibilité dans ces relations et réduit certaines vulnérabilités, mais la géographie du gaz continue d'influencer fortement les relations internationales dans plusieurs régions du monde.

Impacts environnementaux spécifiques

Si le gaz naturel présente des avantages environnementaux par rapport aux autres énergies fossiles, il n'est pas exempt d'impacts :

Émissions de méthane : le méthane étant un puissant gaz à effet de serre (potentiel de réchauffement global 28-36 fois supérieur au CO_2 sur 100 ans, 84-87 fois sur 20 ans), les fuites tout au long de la chaîne de valeur peuvent significativement réduire l'avantage climatique du gaz naturel. Ces émissions proviennent de :

- Fuites au niveau des puits

- Émissions de procédés lors du traitement

- Fuites dans les systèmes de transport et distribution

- Purges et ventilations opérationnelles

Des études récentes suggèrent que le taux de fuite moyen se situe entre 1,5% et 4,3% de la production selon les bassins et les pratiques, avec des variations importantes.

Impacts locaux :

- Consommation d'eau et risques de contamination des nappes phréatiques (particulièrement pour le gaz de schiste)

- Sismicité induite par la fracturation hydraulique

- Emprise au sol des infrastructures

- Émissions de NOx lors de la combustion

Des progrès techniques significatifs (détection et réparation des fuites, équipements à faibles émissions, méthodes de fracturation optimisées) permettent de réduire ces impacts, mais restent inégalement déployés à l'échelle mondiale.

À retenir

Le gaz naturel, longtemps considéré comme le "parent pauvre" des énergies fossiles, a connu une ascension remarquable dans le mix énergétique mondial, portée par ses avantages environnementaux relatifs et sa flexibilité d'utilisation. La révolution du gaz non conventionnel a redéfini la géographie gazière mondiale et renforcé son importance stratégique.

Dans le contexte de la transition énergétique, le gaz naturel occupe une position ambivalente : considéré par certains comme un "carburant de transition" indispensable pour remplacer le charbon et accompagner le développement des renouvelables, critiqué par d'autres pour ses émissions de méthane et le risque de ralentir la transition vers une économie réellement décarbonée.

L'avenir du gaz naturel dépendra largement de facteurs technico-économiques (compétitivité face aux renouvelables, développement du stockage d'électricité, coût du captage de carbone) mais aussi politiques (ambition des politiques climatiques, sécurité d'approvisionnement). Des innovations comme le biométhane, l'hydrogène ou la combinaison du gaz avec le captage de CO_2 pourraient lui offrir une place durable dans un système énergétique décarboné, tout en reconnaissant que son utilisation directe non compensée devra probablement diminuer pour atteindre la neutralité carbone.

Étape 6 : Extraction et production - Techniques et défis

L'évolution des techniques d'exploration

Avant même que la première tonne de charbon ne soit extraite ou que le premier baril de pétrole ne jaillisse, c'est l'exploration qui détermine où concentrer les efforts d'extraction. Cette discipline a connu des avancées technologiques spectaculaires qui ont transformé notre capacité à identifier et caractériser les gisements d'énergies fossiles.

Des indices de surface aux images du sous-sol

L'exploration a suivi une évolution remarquable au fil du temps :

- **Méthodes historiques** : observation des suintements naturels d'hydrocarbures, prospection de surface pour les affleurements de charbon.

- **Géologie structurale et stratigraphique** : interprétation des formations géologiques pour identifier les pièges potentiels à partir de relevés de terrain et de puits existants.

- **Géophysique** : utilisation des propriétés physiques des roches pour "voir" sous la surface.

  - Gravimétrie : mesure des variations du champ gravitationnel

  - Magnétométrie : détection des anomalies du champ magnétique terrestre

  - Sismique réflexion : envoi d'ondes acoustiques dans le sous-sol et analyse de leur réflexion sur les différentes couches

- **Sismique 3D et 4D** : révolution technologique des années 1990-2000 permettant d'obtenir une image tridimensionnelle du sous-sol, puis de suivre l'évolution des réservoirs dans le temps (4D).

- **Imagerie électromagnétique** : complément récent à la sismique pour distinguer les fluides (eau/hydrocarbures) dans les réservoirs.

Le rôle croissant du numérique

La transformation numérique a profondément modifié les méthodes d'exploration :

- **Puissance de calcul** : traitement massif de données permettant des modélisations complexes.

- **Intelligence artificielle et machine learning** : analyse automatisée des données sismiques, réduction du temps d'interprétation.

- **Digital twin** : création de jumeaux numériques des bassins sédimentaires pour simuler leur évolution géologique.

- **Big data** : intégration de multiples sources de données pour réduire l'incertitude d'exploration.

Ces avancées ont permis d'améliorer considérablement les taux de succès en exploration, passant d'environ 1 découverte pour 10 puits dans les années 1960-70 à des ratios parfois supérieurs à 50% aujourd'hui dans certains bassins bien connus.

Les grandes familles de techniques d'extraction

Chaque type d'énergie fossile nécessite des techniques d'extraction adaptées à ses caractéristiques physiques et à son environnement géologique.

Pour le charbon

1. **Mines souterraines** :

- Méthode des chambres et piliers : création de "salles" séparées par des piliers de charbon laissés en place.

- Méthode de la longue taille : extraction systématique le long d'un front continu avec effondrement contrôlé du toit.

- Avancées techniques : automatisation croissante, télésurveillance, extraction sans présence humaine dans les zones dangereuses.

2. **Mines à ciel ouvert** :

- Décapage des couches superficielles (découvert)

- Extraction directe du charbon exposé

- Utilisation d'équipements massifs : draglines, pelles hydrauliques géantes, camions de plusieurs centaines de tonnes.

3. **Gazéification souterraine** (technologie expérimentale) :

- Combustion contrôlée in situ du charbon

- Récupération des gaz produits pour génération d'électricité

- Limite l'impact environnemental en surface mais pose des défis de contrôle du processus.

Pour le pétrole

1. **Extraction conventionnelle** :

- Récupération primaire : utilisation de la pression naturelle du réservoir

- Récupération secondaire : injection d'eau ou de gaz pour maintenir la pression

- o Récupération tertiaire (EOR - Enhanced Oil Recovery) : méthodes chimiques (polymères, tensioactifs), thermiques (injection de vapeur), miscibles (CO_2, azote)

2. **Pétrole offshore** :

   - o Plateformes fixes pour les eaux peu profondes (<300m)

   - o Plateformes semi-submersibles pour les profondeurs intermédiaires

   - o FPSO (Floating Production Storage and Offloading) et systèmes sous-marins pour les grandes profondeurs (>1500m)

3. **Pétroles non conventionnels** :

   - o Sables bitumineux : extraction minière ou in-situ par injection de vapeur (SAGD)

   - o Pétrole de schiste : combinaison de forage horizontal et fracturation hydraulique

   - o Pétroles lourds : méthodes thermiques pour réduire la viscosité

Pour le gaz naturel

1. **Gaz conventionnel** :

   - o Puits verticaux ou déviés jusqu'au réservoir

   - o Traitement pour éliminer l'eau, le CO_2, le H_2S et les liquides de gaz naturel

2. **Gaz non conventionnel** :

   - o Gaz de schiste : fracturation hydraulique multi-étages le long de puits horizontaux

- o Gaz de réservoir compact : stimulation par fracturation et acidification

- o Méthane de houille : dépressurisation pour libérer le gaz adsorbé dans le charbon

3. **Cas particulier des hydrates de méthane** :

- o Dépressurisation

- o Injection de CO_2

- o Stimulation thermique Ces méthodes restent largement expérimentales pour cette ressource potentiellement énorme mais techniquement difficile à exploiter.

Le forage : pivot de l'industrie pétrolière et gazière

Le forage constitue l'étape cruciale permettant d'accéder aux gisements d'hydrocarbures profondément enfouis. Cette technique a connu des avancées spectaculaires depuis les débuts de l'industrie.

Principes fondamentaux

Un système de forage moderne comprend :

- Un trépan (ou outil de forage) qui broie ou découpe la roche

- Un train de tiges qui transmet la rotation et la poussée au trépan

- Un système de circulation de boue qui refroidit l'outil, remonte les déblais et stabilise les parois

- Un système de tubage et cimentation qui consolide le puits

- Divers équipements de surface (derrick, table de rotation, pompes à boue)

Évolutions technologiques majeures

- **Forage rotary** : remplaçant le forage à percussion, permettant d'atteindre des profondeurs bien plus importantes.

- **Forage directionnel et horizontal** : capacité à orienter le puits dans des directions précises, révolutionnant l'accès aux réservoirs étroits ou situés sous des zones sensibles en surface.

- **Mesures pendant le forage (MWD)** et **Diagraphies pendant le forage (LWD)** : acquisition en temps réel de données sur la position du puits et les caractéristiques des formations traversées.

- **Forage en équilibre** ou **sous-équilibré** : contrôle précis de la pression dans le puits pour maximiser la productivité.

- **Complétions intelligentes** : systèmes permettant de contrôler la production de différentes zones du réservoir sans intervention physique.

Frontières actuelles

- Forages ultra-profonds (>10 000 mètres)

- Environnements haute pression/haute température (HP/HT)

- Forages en eaux ultra-profondes (>3 000 mètres)

- Forages dans l'Arctique

- Forages à empreinte environnementale réduite (puits multiples depuis une même plateforme)

L'offshore : repousser les frontières

L'exploitation offshore des hydrocarbures illustre parfaitement comment l'industrie a progressivement repoussé les limites techniques pour accéder à des ressources toujours plus difficiles.

Les étapes du développement offshore

- **Années 1940-50** : premiers développements en eaux très peu profondes, extensions de champs terrestres (Golfe du Mexique, Lac Maracaibo)

- **Années 1960-70** : développement de la mer du Nord, plateformes fixes en acier (jackets) et en béton (gravity-based)

- **Années 1980-90** : premières explorations en eaux profondes (>300m), développement des plateformes flottantes

- **Années 2000-2010** : conquête des eaux ultra-profondes (>1500m), systèmes sous-marins complets, développements par phases

- **Tendance récente** : standardisation, modularisation, développements sous-marins compacts pour réduire les coûts

Technologies clés

- **Systèmes de production sous-marins** : arbres de Noël, manifolds, stations de pompage installés directement sur le fond marin

- **Risers** : conduites flexibles ou rigides reliant les installations sous-marines à la surface

- **ROV** (Remotely Operated Vehicles) et **AUV** (Autonomous Underwater Vehicles) : robots sous-marins pour l'inspection et la maintenance

- **Flotteurs de production** :

  - FPSO (Floating Production Storage and Offloading) : navires convertis ou construits spécifiquement

  - TLP (Tension Leg Platforms) : plateformes maintenues en tension par des câbles ancrés au fond

- Spars : plateformes à cylindre vertical profondément immergé pour la stabilité

Défis spécifiques

- **Intégrité structurelle** face aux conditions environnementales extrêmes (ouragans, courants, houle)

- **Logistique complexe** pour l'approvisionnement et la rotation des équipages

- **Prévention et gestion des accidents** dans des environnements isolés

- **Coûts élevés** nécessitant des gisements de taille importante pour justifier les investissements

L'accident de Deepwater Horizon en 2010 dans le Golfe du Mexique a mis en lumière les risques inhérents à ces opérations complexes et conduit à un renforcement significatif des exigences de sécurité.

La révolution du non-conventionnel

L'exploitation des ressources non conventionnelles, notamment le gaz et le pétrole de schiste, constitue probablement la transformation la plus significative de l'industrie extractive des dernières décennies.

Contexte historique

Bien que l'existence de pétrole et de gaz dans les formations de schiste ait été connue depuis longtemps, ces ressources étaient considérées comme non exploitables commercialement en raison de la très faible perméabilité de ces roches. La combinaison de deux technologies existantes – le forage horizontal et la fracturation hydraulique – a changé la donne à partir des années 2000, d'abord aux États-Unis puis progressivement dans d'autres régions.

Principes techniques

La fracturation hydraulique consiste à :

1. Forer un puits horizontal à travers la couche de schiste (typiquement sur 1 à 3 km)

2. Perforer le tubage à intervalles réguliers

3. Injecter sous haute pression (>500 bars) un mélange d'eau, de sable et d'additifs chimiques

4. Créer ainsi un réseau de microfractures maintenues ouvertes par les grains de sable (agents de soutènement)

5. Permettre au gaz ou au pétrole de migrer vers le puits à travers ce réseau artificiel de porosité

Caractéristiques distinctives

Les gisements non conventionnels présentent des particularités importantes :

- **Déclin rapide** de la production (60-80% la première année pour le pétrole de schiste)

- Nécessité de **forer continuellement** de nouveaux puits pour maintenir la production

- **Manufacturing approach** : standardisation et industrialisation du processus de forage

- **Sweet spots** : concentration des opérations dans les zones les plus productives

- **Flexibilité opérationnelle** : capacité à moduler rapidement le niveau d'activité selon les conditions de marché

Impact sur l'industrie mondiale

La révolution du schiste a eu des conséquences profondes :

- Transformation des États-Unis de grand importateur en exportateur net d'hydrocarbures

- Redistribution des cartes géopolitiques de l'énergie

- Pression à la baisse sur les prix mondiaux du gaz et du pétrole

- Développement de nouvelles compétences et services spécialisés

- Remise en question du modèle des "supermajors" face à des acteurs plus agiles

Controverses environnementales

Cette révolution n'est pas sans soulever d'importantes préoccupations :

- Consommation d'eau importante (15 000 à 20 000 m³ par puits)

- Risques de contamination des nappes phréatiques

- Émissions fugitives de méthane

- Sismicité induite par les injections

- Empreinte au sol significative (puits multiples)

Ces préoccupations ont conduit plusieurs pays, notamment en Europe, à interdire ou suspendre cette technique, créant une géographie contrastée de son déploiement.

La numérisation des opérations

À l'instar d'autres industries, l'extraction des énergies fossiles connaît une transformation numérique profonde qui modifie les méthodes de travail et améliore l'efficacité opérationnelle.

Champs pétroliers numériques

Le concept de "digital oilfield" ou champ pétrolier numérique intègre :

- **Capteurs** répartis sur l'ensemble des installations pour collecter des données en temps réel

- **Réseaux de communication** reliant ces capteurs aux centres de contrôle

- **Systèmes d'analyse de données** pour traiter les informations et optimiser les opérations

- **Jumeaux numériques** des installations permettant de simuler différents scénarios d'exploitation

- **Interfaces homme-machine** facilitant la prise de décision

Applications concrètes

La numérisation s'applique à toutes les phases de l'extraction :

- **Forage** : optimisation en temps réel des paramètres, détection précoce des problèmes, réduction des temps non productifs

- **Production** : optimisation des débits, prédiction et prévention des défaillances, gestion des injections

- **Maintenance** : maintenance prédictive basée sur l'état réel des équipements, planification optimisée

- **Logistique** : suivi des matériels et consommables, optimisation des chaînes d'approvisionnement

Vers l'autonomie opérationnelle

L'évolution ultime de cette tendance est le développement d'installations partiellement ou totalement autonomes :

- Plateformes offshore normalement inhabitées (NUI - Normally Unmanned Installations)

- Systèmes de production sous-marins contrôlés à distance

- Mines intelligentes avec équipements automatisés

- Maintenance par robots et drones

Ces évolutions répondent à des objectifs multiples : réduction des coûts, amélioration de la sécurité, optimisation de la production, et exploitation de gisements marginaux ou en environnements extrêmes.

Défis et contraintes de l'extraction

L'extraction des énergies fossiles fait face à des défis croissants qui façonnent l'évolution du secteur.

Défis techniques

- **Gisements de plus en plus complexes** : haute pression/haute température, formations géologiques difficiles, environnements extrêmes
- **Épuisement des champs matures** : nécessité de techniques de récupération avancées pour maintenir la production
- **Optimisation du taux de récupération** : augmenter la proportion des ressources en place effectivement extraites
- **Réduction de l'empreinte environnementale** : minimiser la consommation d'eau, les émissions, la perturbation des écosystèmes

Défis économiques

- **Volatilité des prix** rendant difficile la planification à long terme
- **Intensité capitalistique** élevée des projets, particulièrement en offshore profond
- **Équilibre entre coûts d'investissement et d'exploitation** (CAPEX vs OPEX)
- **Évolution des modèles contractuels** entre opérateurs et fournisseurs de services

- **Compétition avec les énergies renouvelables** aux coûts décroissants

Défis sociaux et politiques

- **Acceptabilité sociale** des projets face aux préoccupations environnementales croissantes

- **Cadres réglementaires évolutifs** et parfois incertains

- **Relations avec les communautés locales** et partage des bénéfices

- **Sécurité des installations** face aux risques naturels, techniques ou humains

- **Contexte géopolitique** influençant l'accès aux ressources

L'optimisation de fin de vie des gisements

La gestion de la fin de vie des gisements devient un enjeu croissant à mesure que les champs historiques atteignent leur maturité.

Stratégies de prolongation

Plusieurs approches permettent d'étendre la durée de vie économique des gisements :

- **Récupération assistée avancée** : techniques tertiaires sophistiquées pour extraire les hydrocarbures résiduels

- **Réduction des coûts opérationnels** : optimisation des infrastructures, mutualisation des installations

- **Redéveloppement** : nouvelles campagnes de forage ciblant des zones non drainées

- **Conversion des installations** : réutilisation pour le stockage de gaz ou de CO_2

- **Numérisation et automatisation** : réduction des coûts d'exploitation par la technologie

Le défi du démantèlement

Une fois le gisement épuisé, les installations doivent être démantelées selon des processus complexes :

1. **Mise en sécurité** des installations (obturation des puits, purge des conduites)

2. **Démontage** des équipements récupérables

3. **Démolition** ou enlèvement des structures principales

4. **Restauration environnementale** du site

5. **Surveillance à long terme** dans certains cas

Ce processus représente un coût significatif (plusieurs milliards de dollars pour les grands champs offshore) et soulève des questions techniques, environnementales et financières importantes.

Enjeux spécifiques

- **Provisions financières** : constitution de réserves suffisantes pendant la phase productive

- **Responsabilités à long terme** : clarification des obligations post-exploitation

- **Techniques innovantes** : développement de méthodes de démantèlement plus efficaces et moins coûteuses

- **Recyclage et réutilisation** : maximisation de la valorisation des matériaux et équipements

- **Gestion de l'héritage environnemental** : traitement des contaminations potentielles

À retenir

L'extraction des énergies fossiles combine des aspects d'industrie mature et de haute technologie en constante évolution. Si les principes fondamentaux restent similaires depuis des décennies, les techniques spécifiques ont connu des avancées spectaculaires permettant d'accéder à des ressources auparavant inaccessibles.

Cette évolution technique s'accompagne de transformations profondes dans l'organisation du travail, la gestion des actifs et les modèles économiques. La numérisation, l'automatisation et l'optimisation des processus deviennent des facteurs de compétitivité essentiels dans un contexte de prix volatils et de préoccupations environnementales croissantes.

Les défis contemporains de l'extraction – gisements plus complexes, exigences environnementales renforcées, acceptabilité sociale, fin de vie des installations – poussent le secteur à innover constamment. Parallèlement, la perspective d'une transition énergétique à long terme incite les acteurs à optimiser leurs investissements et à diversifier leurs activités, tout en maximisant la valeur des actifs existants.

Étape 7 : Raffinage et transformation - De la matière brute aux produits finis

Du brut au produit : la complexité du raffinage pétrolier

Le raffinage représente l'étape cruciale où le pétrole brut, substance naturelle aux applications directes limitées, est transformé en une multitude de produits essentiels à l'économie moderne. Cette transformation combine des procédés physiques, chimiques et thermiques dans des installations industrielles parmi les plus complexes au monde.

La distillation : base de la séparation

La première étape du raffinage repose sur un principe physique simple : les différents composants du pétrole brut ont des points d'ébullition distincts, permettant de les séparer par distillation.

1. **Distillation atmosphérique** (topping) :

   o Le brut est chauffé à environ 350-400°C et introduit dans une colonne de fractionnement

   o Les composants les plus légers s'élèvent vers le haut de la colonne, les plus lourds restent en bas

   o Des plateaux à différentes hauteurs permettent de recueillir les fractions intermédiaires

   o Cette opération sépare typiquement :

      ▪ Gaz légers (méthane, éthane, propane, butane) au sommet

      ▪ Naphta léger et lourd

      ▪ Kérosène

      ▪ Gazole léger et lourd

      ▪ Résidu atmosphérique en fond de colonne

2. **Distillation sous vide** :

- o Le résidu atmosphérique est soumis à une seconde distillation dans une colonne opérant sous pression réduite

- o Cette dépression permet de séparer des fractions lourdes sans atteindre des températures provoquant leur décomposition

- o On obtient ainsi :

    - Gasoil sous vide

    - Huiles lubrifiantes

    - Résidu sous vide (utilisé pour le bitume ou comme charge pour d'autres unités)

La distillation simple ne permettrait de produire qu'environ 20-30% d'essence à partir d'un brut moyen, alors que la demande du marché est beaucoup plus importante pour ce produit. C'est pourquoi des procédés de conversion sont nécessaires.

Les procédés de conversion : modifier la structure moléculaire

Ces procédés transforment les fractions lourdes en produits plus légers et plus valorisés :

1. **Craquage catalytique fluide (FCC)** :

- o Utilise un catalyseur (généralement à base de zéolithes) pour fragmenter les molécules lourdes

- o Produit principalement de l'essence à haut indice d'octane

- o Génère également des oléfines légères (propylène, butènes) utiles pour la pétrochimie

2. **Hydrocraquage** :

- Combine l'action d'un catalyseur et d'hydrogène sous haute pression
- Produit des carburants de haute qualité (diesel, kérosène, essence)
- Avantage : produits très propres, faible teneur en soufre
- Inconvénient : coût élevé et forte consommation d'hydrogène

3. **Visbreaking et coking** :
   - Procédés thermiques sans catalyseur
   - Le visbreaking réduit la viscosité des résidus pour produire du fioul
   - Le coking est plus sévère et convertit les résidus en produits légers et en coke de pétrole

4. **Reformage catalytique** :
   - Réarrange la structure moléculaire du naphta pour augmenter son indice d'octane
   - Produit de l'hydrogène comme sous-produit (utilisé dans d'autres unités)
   - Source importante d'aromatiques pour la pétrochimie (benzène, toluène, xylènes)

5. **Alkylation et isomérisation** :
   - Combinent de petites molécules (alkylation) ou réarrangent leur structure (isomérisation)
   - Produisent des composants d'essence à haut indice d'octane et faibles émissions

Les procédés de traitement : purifier les produits

Pour répondre aux spécifications environnementales toujours plus strictes, plusieurs procédés éliminent les impuretés :

1. **Hydrodésulfuration (HDS)** :
   - Élimine le soufre par réaction avec l'hydrogène sur un catalyseur
   - S'applique à presque toutes les fractions, mais particulièrement important pour le diesel et le kérosène

2. **Hydrodéazotation (HDN)** :
   - Élimine l'azote des fractions lourdes
   - Crucial pour éviter l'empoisonnement des catalyseurs en aval

3. **Déparaffinage** :
   - Élimine les paraffines à haut point de congélation des huiles lubrifiantes
   - Permet d'obtenir des huiles utilisables à basse température

4. **Adoucissement et traitement Merox** :
   - Transforme les mercaptans (composés soufrés malodorants) en disulfures moins problématiques
   - Utilisé notamment pour le kérosène aviation et le GPL

L'intégration et l'optimisation : la raffinerie comme système complexe

Une raffinerie moderne est un système hautement intégré où :

- Les produits d'une unité servent de charges pour d'autres
- L'énergie est récupérée et réutilisée (intégration thermique)

- Les flux sont constamment optimisés selon la qualité des bruts disponibles et la demande du marché

La complexité d'une raffinerie se mesure par sa capacité à :

- Traiter des bruts de qualités diverses (légers/lourds, doux/acides)

- Maximiser la production de produits à forte valeur ajoutée

- S'adapter aux variations saisonnières de la demande

- Respecter des spécifications environnementales strictes

L'évolution des raffineries face aux défis contemporains

Le secteur du raffinage fait face à plusieurs défis majeurs :

- **Spécifications environnementales** toujours plus sévères (teneur en soufre ultrabaisse, réduction des aromatiques)

- **Évolution de la demande** (moins d'essence, plus de diesel en Europe ; situation inverse aux États-Unis)

- **Bruts plus lourds et plus acides** nécessitant des installations plus sophistiquées

- **Intégration avec la pétrochimie** pour maximiser la valeur ajoutée

- **Compétition des biocarburants** et perspective de baisse à long terme de la demande de produits pétroliers

Ces défis ont conduit à des fermetures de raffineries en Europe et Amérique du Nord, parallèlement à la construction de nouvelles capacités massives au Moyen-Orient et en Asie, plus proches des marchés en croissance et bénéficiant d'économies d'échelle.

La valorisation du charbon : au-delà de la combustion directe

Bien que majoritairement utilisé pour la production d'électricité et la sidérurgie, le charbon peut être transformé pour diverses applications à plus forte valeur ajoutée.

La cokéfaction : pilier de la sidérurgie

La transformation du charbon en coke métallurgique est essentielle à la production d'acier :

1. Le charbon à coke (une catégorie spécifique de houille) est chauffé à environ 1000-1100°C en l'absence d'air

2. Les matières volatiles sont chassées, produisant un résidu solide riche en carbone - le coke

3. Ce coke sert dans les hauts fourneaux comme :

   o Agent réducteur pour transformer le minerai de fer en fonte

   o Source de chaleur pour atteindre les températures nécessaires

   o Support physique perméable permettant la circulation des gaz

Les gaz produits lors de la cokéfaction sont également valorisés :

- Gaz de cokerie : utilisé comme combustible

- Goudrons et huiles : matières premières pour l'industrie chimique

- Ammoniac : récupéré pour la production d'engrais

La liquéfaction : du charbon au carburant liquide

La conversion du charbon en carburants liquides a connu plusieurs développements historiques :

1. **Procédé Fischer-Tropsch indirect** :

   o Le charbon est d'abord gazéifié pour produire du gaz de synthèse ($CO + H_2$)

   o Ce gaz est ensuite converti en hydrocarbures liquides sur des catalyseurs spécifiques

- o Développé en Allemagne dans les années 1920, puis utilisé à grande échelle en Afrique du Sud (Sasol) pendant l'apartheid
- o Produit des carburants très propres mais à coût élevé et avec forte empreinte carbone

2. **Liquéfaction directe** :

- o Le charbon est mis en solution dans un solvant sous pression d'hydrogène
- o Après hydrogénation catalytique, on obtient un liquide similaire au pétrole brut
- o Développée principalement en Chine ces dernières années

Ces technologies restent généralement non compétitives face au pétrole conventionnel, sauf dans des contextes géopolitiques particuliers (embargo, isolation) ou de prix du pétrole durablement très élevés.

La gazéification : versatilité et polyvalence

La conversion du charbon en gaz synthétique ouvre de nombreuses possibilités :

1. **Production d'électricité** : technologie IGCC (Integrated Gasification Combined Cycle)

- o Le charbon est gazéifié pour produire un gaz de synthèse
- o Ce gaz, après purification, alimente une turbine à gaz
- o La chaleur résiduelle produit de la vapeur pour une turbine additionnelle

- o Avantages : rendement supérieur aux centrales conventionnelles, possibilité de captage du CO_2 facilité

2. **Synthèse chimique** :

   - o Le gaz de synthèse sert de matière première pour produire :

     - Ammoniac (et donc engrais)

     - Méthanol et ses dérivés

     - Oléfines via le procédé MTO (Methanol To Olefins)

3. **Production d'hydrogène** :

   - o Par réaction du gaz de synthèse avec de l'eau (water-gas shift)

   - o Alternative au reformage du gaz naturel, potentiellement couplée au captage de CO_2

La gazéification présente des avantages environnementaux par rapport à la combustion directe (meilleure élimination des polluants) mais reste coûteuse et énergivore.

Le traitement du gaz naturel : de la tête de puits au consommateur

Le gaz naturel brut nécessite plusieurs étapes de traitement avant de pouvoir être injecté dans les réseaux de transport et distribution.

Composition et exigences

La composition du gaz naturel varie considérablement selon les gisements, mais comprend généralement :

- Méthane (CH_4) : 70-95%

- Éthane (C_2H_6), propane (C_3H_8), butane (C_4H_{10}) : 0-20%

- Azote (N_2), dioxyde de carbone (CO_2) : 0-15%

- Hydrogène sulfuré (H_2S) : 0-5%

- Eau (H_2O) : saturé à la pression et température d'extraction

- Traces d'hélium, mercure, composés organiques complexes

Pour être commercialisé, le gaz doit respecter des spécifications strictes concernant :

- Pouvoir calorifique (typiquement 38-42 MJ/m³)

- Point de rosée eau et hydrocarbures (pour éviter condensation dans les conduites)

- Teneur en soufre (< 5 mg/m³)

- Teneur en CO_2, oxygène, azote

- Absence de particules solides et liquides

Chaîne de traitement standard

Le traitement comprend plusieurs étapes, dont certaines peuvent être omises selon la qualité du gaz brut :

1. **Séparation primaire** :
   - Séparation des phases gaz/liquide/solide
   - Élimination des condensats et de l'eau libre

2. **Déshydratation** :
   - Absorption sur tamis moléculaire ou glycol
   - Alternative : refroidissement avec séparation des condensats
   - Objectif : point de rosée eau typiquement -10°C à 70 bar

3. **Élimination des gaz acides** (sweetening) :

- o Absorption chimique par amines pour H_2S et CO_2
- o Adsorption sur lit solide pour faibles concentrations
- o Procédés membranaires dans certains cas

4. **Récupération des liquides de gaz naturel (LGN)** :
   - o Extraction des hydrocarbures C_2+ par :
     - Absorption dans une huile de lavage
     - Refroidissement et détente (turbo-expander)
     - Procédés cryogéniques pour séparation poussée
   - o Ces liquides sont ensuite fractionnés pour produire éthane, GPL et condensats

5. **Ajustement de la qualité** :
   - o Injection d'azote pour réduire le pouvoir calorifique si nécessaire
   - o Ajout de propane pour l'augmenter dans certains marchés
   - o Odorisation (généralement par tétrahydrothiophène ou mercaptans) pour les réseaux de distribution

Cas particulier du GNL (Gaz Naturel Liquéfié)

Pour le transport maritime, le gaz naturel est liquéfié par refroidissement à -162°C, ce qui nécessite des traitements supplémentaires :

1. **Pré-traitement poussé** :
   - o Élimination quasi-totale du CO_2 (<50 ppm) pour éviter solidification
   - o Déshydratation très poussée (< 0,1 ppm d'eau)

- Élimination des traces de mercure pour éviter corrosion des échangeurs en aluminium

2. **Procédé de liquéfaction** :

  - Cycles frigorifiques en cascade ou à réfrigérant mixte

  - Compression et expansion pour atteindre les températures cryogéniques

  - Consommation énergétique importante (8-10% du gaz traité)

3. **Stockage et chargement** :

  - Réservoirs à double paroi isolés

  - Gestion du "boil-off gas" (évaporation naturelle)

Ce procédé complexe et coûteux se justifie par la valeur ajoutée du transport intercontinental de gaz.

La pétrochimie : des hydrocarbures aux matériaux du quotidien

La pétrochimie constitue le pont entre les ressources fossiles et une infinité de produits manufacturés utilisés quotidiennement, du smartphone aux textiles en passant par les médicaments et les emballages.

Les briques élémentaires : oléfines et aromatiques

La pétrochimie repose principalement sur deux familles de molécules :

1. **Les oléfines** : hydrocarbures insaturés contenant des doubles liaisons

  - Éthylène (C_2H_4) : la molécule pétrochimique la plus produite au monde (>150 Mt/an)

  - Propylène (C_3H_6)

o Butadiène (C_4H_6)

Produites principalement par vapocraquage (steam cracking) du naphta ou de l'éthane, procédé thermique qui "casse" les molécules plus grandes

2. **Les aromatiques** : hydrocarbures cycliques

o Benzène (C_6H_6)

o Toluène (C_7H_8)

o Xylènes (C_8H_{10})

Obtenus principalement par reformage catalytique des naphtas et par extraction des coupes aromatiques

Voies de transformation et produits dérivés

À partir de ces molécules de base, la pétrochimie développe des chaînes de valeur complexes :

1. **Filière éthylène** :

o Polyéthylène (PEHD, PEBD, PEBDL) : emballages, tuyaux, films

o Chlorure de vinyle puis PVC : construction, médical, câbles

o Oxyde d'éthylène puis éthylène glycol : antigel, polyesters

o Styrène puis polystyrène : emballages, isolation

o Alpha-oléfines linéaires : détergents, plastifiants

2. **Filière propylène** :

o Polypropylène : pièces automobiles, emballages, textiles

o Oxyde de propylène : polyuréthanes, solvants

- o Acrylonitrile : fibres acryliques, ABS

- o Acide acrylique : peintures, adhésifs, super-absorbants

- o Isopropanol : solvants, désinfectants

3. **Filière aromatiques** :

- o Benzène → cyclohexane → nylon

- o Benzène → éthylbenzène → styrène → polystyrène

- o Xylènes → acide téréphtalique → PET (bouteilles, fibres polyester)

- o Toluène → TDI → polyuréthanes (mousses, isolants)

Intégration avec le raffinage et tendances d'évolution

La pétrochimie et le raffinage sont de plus en plus intégrés :

- Partage d'unités (vapocraqueurs flexibles traitant diverses charges)

- Optimisation des flux entre production de carburants et de produits chimiques

- Complexes "refinery-petrochemical integration" maximisant la valeur extraite du brut

Tendances récentes :

- Capacités massives au Moyen-Orient exploitant l'éthane associé au gaz naturel

- Développement pétrochimique américain basé sur l'éthane issu du gaz de schiste

- Projets chinois de transformation directe du charbon en produits chimiques

- Recherche sur les bio-sourcés et le recyclage chimique pour réduire la dépendance aux fossiles

L'impact économique de la pétrochimie

La pétrochimie représente la principale utilisation non énergétique des ressources fossiles (environ 10-15% de la consommation de pétrole et gaz) et constitue un moteur économique majeur :

- Industrie à forte valeur ajoutée et intensité technologique

- Créatrice d'emplois qualifiés

- Base indispensable pour de nombreuses autres industries (automobile, textile, électronique, construction)

- Secteur fortement cyclique, influencé par les capacités installées et la demande mondiale

Vers des technologies de transformation plus propres

Face aux défis environnementaux, les industries de transformation des énergies fossiles développent des procédés plus respectueux de l'environnement.

Efficacité énergétique et intégration

L'optimisation de la consommation énergétique constitue un levier majeur :

- Intégration thermique poussée (méthode du pincement)

- Cogénération pour valoriser la chaleur résiduelle

- Compression avancée et récupération de pression

- Catalyseurs plus performants réduisant les températures de réaction

- Procédés membranaires remplaçant les séparations thermiques énergivores

Réduction des émissions de polluants

Au-delà du CO_2, plusieurs technologies visent à réduire l'impact environnemental :

- Hydrodésulfuration et hydrodéazotation ultraprofonde des carburants

- Réduction catalytique sélective des NOx

- Oxydation des COV (Composés Organiques Volatils)

- Suppression des torchères par récupération des gaz

- Traitement avancé des effluents liquides

Capture et valorisation du CO_2

Plusieurs approches émergent pour gérer le CO_2 produit lors de la transformation des fossiles :

- Captage en post-combustion par solvants chimiques (amines)

- Captage en pré-combustion dans les unités d'hydrogène et les gazéifications

- Utilisation du CO_2 comme matière première pour :

    o Synthèse de méthanol

    o Production de polymères

    o Synthèse d'urée (engrais)

    o Carbonates minéraux

Intégration des matières premières alternatives

L'incorporation progressive de sources non fossiles se développe :

- Co-traitement de biomasse dans les raffineries conventionnelles

- Unités dédiées pour biocarburants avancés

- Recyclage chimique des plastiques produisant des huiles réintroduites en raffinerie

- Hydrogène "vert" alimentant les procédés conventionnels

- CO_2 comme blocs de construction pour la chimie

À retenir

La transformation des énergies fossiles brutes en produits utilisables illustre l'ingéniosité déployée pour maximiser la valeur de ces ressources. Ces processus complexes ont évolué sur plus d'un siècle, devenant toujours plus sophistiqués pour répondre aux exigences de qualité, d'efficacité et de performance environnementale.

Le raffinage, le traitement du gaz et la pétrochimie forment un écosystème industriel intégré dont dépendent de nombreux secteurs économiques. Si la transition énergétique modifiera progressivement la demande en carburants, les besoins en matériaux dérivés des hydrocarbures (plastiques, textiles synthétiques, composites) continueront probablement de croître.

L'avenir de ces industries réside dans leur capacité à réduire leur empreinte environnementale par l'innovation technologique, l'intégration de matières premières alternatives et l'amélioration continue de l'efficacité des procédés. À plus long terme, une restructuration plus profonde pourrait s'opérer, avec une orientation croissante vers la production de matériaux plutôt que de carburants, et une intégration progressive de carbone biogénique ou atmosphérique en remplacement du carbone fossile.

Étape 8 : Économie et géopolitique - Le grand échiquier des énergies fossiles

La géographie économique des ressources

La répartition inégale des ressources fossiles à travers le globe a façonné les relations internationales et les structures économiques bien au-delà du seul secteur énergétique.

Concentration des réserves et disparités d'accès

La distribution des ressources fossiles est marquée par d'importantes disparités géographiques :

- **Pétrole** : environ 48% des réserves prouvées sont concentrées au Moyen-Orient, avec le Venezuela, l'Arabie Saoudite, le Canada, l'Iran et l'Irak en tête du classement mondial.

- **Gaz naturel** : trois pays (Russie, Iran et Qatar) détiennent près de 50% des réserves prouvées mondiales.

- **Charbon** : répartition plus équilibrée avec les États-Unis, la Russie, l'Australie, la Chine et l'Inde possédant les plus grandes réserves.

Cette distribution ne correspond pas à celle de la consommation, créant des flux commerciaux massifs et des interdépendances stratégiques.

La notion de rente et ses implications

La concentration des ressources génère une "rente" pour les pays producteurs : un revenu qui ne résulte pas d'un travail ou d'un capital investi, mais de la possession d'une ressource rare. Cette rente présente plusieurs caractéristiques :

- **Volatilité** : dépendance aux fluctuations des prix mondiaux

- **Capture politique** : souvent contrôlée par l'État ou les élites

- **Effets macroéconomiques complexes** : "maladie hollandaise" (appréciation de la monnaie locale pénalisant les autres secteurs exportateurs)

- **Dynamiques intergénérationnelles** : question de la répartition entre consommation présente et épargne pour les générations futures

La gestion de cette rente constitue un défi majeur pour les pays producteurs, comme l'illustrent les parcours contrastés de pays comme la Norvège (diversification et investissement via un fonds souverain) et le Venezuela (dépendance excessive et instabilité).

Flux commerciaux et infrastructures stratégiques

Les échanges mondiaux d'énergies fossiles représentent des volumes considérables :

- Pétrole : environ 65 millions de barils par jour en commerce international

- GNL : plus de 500 milliards de m³ par an

- Charbon : environ 1,3 milliard de tonnes annuellement

Ces flux empruntent des routes maritimes et terrestres devenues stratégiques :

- **Points de passage obligés** : détroits d'Ormuz, de Malacca, du Bosphore

- **Réseaux de gazoducs** : corridors russes vers l'Europe, réseaux nord-américains, nouvelles routes Asie centrale-Chine

- **Terminaux portuaires spécialisés** : ports pétroliers du Golfe, terminaux GNL du Qatar, ports charbonniers australiens

La sécurisation de ces infrastructures constitue un enjeu géopolitique majeur, comme le montrent les tensions récurrentes autour du détroit d'Ormuz ou les débats sur les gazoducs russo-européens.

Structures de marché et formation des prix

Les mécanismes de détermination des prix diffèrent sensiblement entre les trois grandes énergies fossiles, reflétant leurs caractéristiques physiques et l'évolution historique de leurs marchés.

Le marché pétrolier : globalisation et financiarisation

Le pétrole constitue la commodité énergétique la plus internationalisée, avec plusieurs caractéristiques distinctives :

- **Marché mondial unifié** : les écarts de prix entre différentes régions reflètent principalement les coûts de transport et les différences de qualité.

- **Prix de référence (benchmarks)** :

  - Brent : référence européenne et internationale

  - WTI (West Texas Intermediate) : référence nord-américaine

  - Dubai/Oman : référence pour les bruts destinés à l'Asie

- **Marchés à terme développés** permettant :

  - La couverture des risques (hedging)

  - La spéculation

  - La découverte des prix

- **Influence de l'OPEP et OPEP+** : organisation des pays exportateurs cherchant à influencer les prix par la gestion de l'offre, avec efficacité variable selon les périodes.

- **Volatilité historique** : prix fluctuant de moins de 10$ à plus de 140$ le baril au cours des dernières décennies, reflétant les tensions offre-demande, les événements géopolitiques et les facteurs financiers.

L'équilibre entre facteurs fondamentaux (production, consommation, niveaux de stocks) et facteurs financiers ou spéculatifs dans la formation des prix reste un sujet de débat permanent.

Le gaz naturel : régionalisation et évolution des modèles de prix

Contrairement au pétrole, le marché gazier est resté longtemps fragmenté en marchés régionaux distincts :

- **Amérique du Nord** : marché libéralisé précocement, avec le Henry Hub comme référence de prix, reflétant l'équilibre offre-demande continental.

- **Europe** : évolution progressive de contrats à long terme indexés sur le pétrole vers des marchés spot (TTF néerlandais, NBP britannique), accélérée par les directives européennes de libéralisation.

- **Asie** : prédominance historique de contrats à long terme avec indexation pétrolière, particulièrement pour le GNL, avec émergence récente d'indices spot.

Le développement du GNL a initié une convergence partielle entre ces marchés, accentuée lors d'événements majeurs (Fukushima, crise ukrainienne), mais des différences significatives persistent.

Le charbon : commodité en transformation

Le marché du charbon présente des particularités :

- **Différenciation par qualité** : charbon thermique (production d'électricité) vs. charbon métallurgique (sidérurgie), avec des dynamiques de prix distinctes.

- **Indices régionaux** :

  - Indices australiens (Newcastle) pour le marché asiatique

  - Indices sud-africains (Richards Bay) pour l'océan Indien

  - Indices nord-européens (ARA - Amsterdam-Rotterdam-Anvers)

- **Structure hybride** mêlant :

  - Contrats à long terme entre mines et grands consommateurs (centrales, sidérurgistes)

  - Marché spot de plus en plus liquide

  - Marchés à terme en développement

- **Influence croissante de la Chine** comme consommateur dominant, affectant les équilibres mondiaux par ses politiques domestiques.

Les acteurs économiques : du monopole à la compétition

Le paysage des acteurs de l'industrie des énergies fossiles a connu des évolutions profondes au cours du dernier siècle, reflétant les tensions entre contrôle national des ressources et internationalisation des marchés.

L'évolution du secteur pétrolier et gazier

Historiquement dominé par les "Sept Sœurs" (grandes compagnies occidentales), le secteur a vu émerger progressivement de nouveaux acteurs :

1. **Compagnies nationales (NOCs)** contrôlées par les États producteurs :

   - Saudi Aramco (Arabie Saoudite) : plus grande compagnie pétrolière mondiale

- o NIOC (Iran), PDVSA (Venezuela), Gazprom (Russie), CNPC/Sinopec (Chine)
- o Contrôlent environ 80% des réserves mondiales d'hydrocarbures

2. **Majors internationales** (héritières des Sept Sœurs) :

   - o ExxonMobil, Chevron, Shell, BP, TotalEnergies
   - o Avantages technologiques et capacités d'investissement supérieures
   - o Stratégies d'adaptation aux transitions énergétiques variables

3. **Indépendants et acteurs spécialisés** :

   - o Producteurs de taille moyenne en amont
   - o Sociétés de services pétroliers (Schlumberger, Halliburton, Baker Hughes)
   - o Raffineurs indépendants, traders (Vitol, Trafigura, Glencore)

4. **Nouveaux entrants** :

   - o Compagnies nationales des pays consommateurs investissant à l'international
   - o Acteurs financiers (fonds de private equity, infrastructure funds)
   - o Entreprises technologiques ciblant l'optimisation numérique du secteur

Ces différentes catégories d'acteurs se distinguent par leurs objectifs (maximisation du profit vs. considérations stratégiques nationales), leurs horizons temporels et leurs capacités d'adaptation.

Structure du secteur charbonnier

L'industrie charbonnière présente une structure différente :

- **Concentration variable selon les régions** : oligopole en Australie, fragmentation en Indonésie

- **Acteurs diversifiés** : entreprises minières spécialisées, conglomérats diversifiés, entreprises d'État

- **Intégration verticale limitée** : séparation fréquente entre production et utilisation

- **Restructurations dans les marchés matures** : fermetures et consolidations en Europe et Amérique du Nord face au déclin de la demande

Stratégies d'adaptation face aux transitions

Les acteurs traditionnels des énergies fossiles adoptent différentes postures face aux transitions énergétiques :

1. **Résistance et optimisation** : focus sur la réduction des coûts et l'efficience des actifs existants

2. **Diversification progressive** : maintien du cœur d'activité fossile tout en développant de nouvelles branches (renouvelables, hydrogène)

3. **Transformation radicale** : réorientation stratégique complète vers un modèle bas-carbone (cas d'Ørsted, ex-DONG Energy, passé du charbon à l'éolien offshore)

4. **Maximisation à court terme** : extraction de valeur maximale des actifs existants sans investissements majeurs, en anticipant un déclin structurel

Ces différentes stratégies reflètent des visions divergentes de la vitesse et de l'ampleur des transitions énergétiques à venir.

Géopolitique des énergies fossiles : conflits et coopérations

Les ressources fossiles constituent un facteur structurant des relations internationales depuis plus d'un siècle, source de coopérations, de dépendances mais aussi de tensions.

Le pétrole : moteur de conflits et alliances

Peu de ressources ont autant influencé les relations internationales que le pétrole :

- **Seconde Guerre mondiale** : importance stratégique de l'accès au pétrole roumain et caucasien, blocus pétrolier du Japon comme déclencheur de l'attaque de Pearl Harbor

- **Guerre froide** : politique américaine de sécurisation du Moyen-Orient pour le bloc occidental

- **Chocs pétroliers** (1973, 1979) : utilisation de "l'arme pétrolière" lors de la guerre du Kippour, révolution iranienne

- **Guerres du Golfe** (1991, 2003) : sécurisation des approvisionnements comme facteur parmi d'autres

- **"Nouvelle grande partie"** contemporaine :
  - Compétition Chine-États-Unis pour l'accès aux ressources africaines
  - Tensions en mer de Chine méridionale
  - Arctique comme nouvelle frontière d'exploration

L'influence du pétrole s'exerce également à travers des alliances durables (relations privilégiées États-Unis/Arabie Saoudite) et des structures de coopération (OPEP, AIE).

Le gaz naturel : instrument de pression et d'influence

Les caractéristiques physiques du gaz naturel (nécessité d'infrastructures fixes reliant producteur et consommateur) en font un instrument géopolitique particulier :

- **Relations Russie-Europe** : dépendance mutuelle mais asymétrique, utilisée comme levier d'influence

  o Crises ukrainiennes (2006, 2009, depuis 2022)

  o Débats sur les projets Nord Stream 1 et 2

  o Diversification européenne accélérée depuis 2022

- **"Diplomatie du gazoduc"** dans différentes régions :

  o Négociations complexes pour les tracés transcaspiens et transcaucasiens

  o Rivalités pour l'évacuation du gaz d'Asie centrale

  o Tensions en Méditerranée orientale autour des découvertes offshore

  o Corridor gazier sud-européen comme projet géopolitique

- **GNL comme facteur de flexibilité** réduisant progressivement ces contraintes géographiques

La "malédiction des ressources" et ses remises en question

La théorie de la "malédiction des ressources" suggère que l'abondance de ressources naturelles, particulièrement fossiles, peut paradoxalement nuire au développement économique et politique d'un pays, à travers plusieurs mécanismes :

- **Économiques** : syndrome hollandais, volatilité des revenus, négligence des autres secteurs

- **Politiques** : renforcement de l'autoritarisme, corruption, conflits pour le contrôle des rentes

- **Sociaux** : inégalités accrues, faible développement du capital humain

Cette théorie, bien que largement documentée, connaît d'importantes exceptions (Norvège, Canada, Australie, Émirats

Arabes Unis récemment) qui soulignent l'importance des institutions et des politiques publiques dans la gestion des ressources.

La transition énergétique : implications économiques et géopolitiques

L'évolution vers un système énergétique moins dépendant des combustibles fossiles, motivée par les enjeux climatiques, transforme progressivement la carte des relations énergétiques mondiales.

Risques d'actifs échoués et stratégies d'adaptation

La transition énergétique pose la question des "stranded assets" (actifs échoués) : investissements dans les énergies fossiles qui perdraient leur valeur économique avant la fin de leur durée de vie prévue, en raison de :

- Politiques climatiques restrictives (taxes carbone, standards d'émissions)

- Compétition des alternatives renouvelables devenues moins coûteuses

- Pressions des investisseurs et évolutions des normes sociales

Les estimations de ces actifs potentiellement échoués varient considérablement (1 à 4 trillions de dollars selon les scénarios), avec des implications majeures pour :

- Les entreprises du secteur et leurs stratégies d'investissement

- Les systèmes financiers des pays fortement exposés

- Les budgets publics des États producteurs

Des stratégies d'adaptation émergent : diversification économique des pays producteurs, projets de capture du carbone pour prolonger l'acceptabilité des combustibles fossiles, réorientation des investissements vers les ressources à plus faible intensité carbone.

Nouvelles géographies de l'influence énergétique

La transition reconfigure progressivement la géographie de l'influence énergétique mondiale :

- **Déclin relatif de l'importance stratégique** des régions traditionnellement dominantes (Moyen-Orient, Russie)

- **Émergence de nouvelles puissances** basées sur :

    o Les matériaux critiques pour les technologies bas-carbone (lithium, cobalt, terres rares)

    o La maîtrise des technologies renouvelables et de stockage

    o Les capacités de financement et d'innovation

- **Transformation des vulnérabilités** :

    o Diminution de la dépendance aux importations pour certains pays consommateurs

    o Nouvelles dépendances technologiques et matérielles

    o Questions de cyber-sécurité des réseaux électriques plus décentralisés

- **Évolution des alliances et blocs régionaux** autour des nouvelles chaînes de valeur énergétiques

Ces transformations s'opèrent à un rythme variable selon les régions, créant une période de coexistence prolongée entre les anciennes et nouvelles géographies énergétiques, avec des frictions potentielles.

Implications pour les pays producteurs et consommateurs

La transition énergétique affecte différemment les pays selon leur position dans le système actuel :

Pour les pays producteurs traditionnels :

- Risques de dévalorisation de leurs principales ressources économiques
- Nécessité de diversification économique plus ou moins urgente selon les ressources financières accumulées
- Opportunités potentielles dans les nouvelles filières (hydrogène, CCUS, économie circulaire)

Pour les pays consommateurs importateurs :

- Amélioration potentielle de la balance commerciale et réduction des vulnérabilités externes
- Défis industriels de reconversion des secteurs liés aux combustibles fossiles
- Nouvelles opportunités de leadership dans les technologies bas-carbone

Pour les pays émergents :

- Questions du "droit au développement" utilisant des énergies fossiles vs. leapfrogging technologique
- Problématiques de financement des infrastructures bas-carbone
- Arbitrages complexes entre priorités environnementales et socio-économiques

À retenir

Les énergies fossiles ont façonné l'économie mondiale moderne et une large part des relations internationales depuis plus d'un siècle. Leur répartition inégale a créé des interdépendances complexes entre pays producteurs et consommateurs, source de coopérations comme de tensions.

La structure des marchés de ces ressources a évolué vers davantage de transparence et de financiarisation, tout en conservant des spécificités liées aux caractéristiques physiques de chaque combustible. Parallèlement, le paysage des acteurs économiques s'est transformé, avec l'émergence des compagnies nationales et la diversification stratégique des grandes entreprises internationales.

La transition énergétique en cours, motivée principalement par l'urgence climatique, reconfigure progressivement cette géographie économique et politique des ressources. Elle pose des défis d'adaptation majeurs tant pour les pays producteurs que consommateurs, et redistribue les cartes de l'influence mondiale autour de nouvelles ressources stratégiques.

Cette transformation ne signifie pas la disparition immédiate de l'importance des énergies fossiles, mais plutôt une évolution graduelle de leur rôle et de leur valorisation, accompagnée d'une reconfiguration des rapports de force internationaux. L'enjeu central pour les acteurs publics et privés consiste à naviguer cette période de transition prolongée en minimisant les risques économiques, sociaux et géopolitiques qu'elle comporte.

Étape 9 : Impacts environnementaux - Du local au global

Les émissions de gaz à effet de serre : au cœur des préoccupations

L'impact environnemental le plus discuté des énergies fossiles concerne indéniablement leur contribution majeure au réchauffement climatique via les émissions de gaz à effet de serre (GES).

Mécanismes et ordres de grandeur

La combustion des énergies fossiles libère principalement du dioxyde de carbone (CO_2), formé à partir du carbone piégé depuis des millions d'années dans ces ressources. À ce CO_2 s'ajoutent d'autres GES émis durant l'extraction, le transport et l'utilisation des combustibles fossiles :

- **Méthane (CH_4)** : fuites lors de l'extraction et du transport du gaz naturel, émissions des mines de charbon

- **Protoxyde d'azote (N_2O)** : formé lors de certains processus de combustion

- **Gaz fluorés** : utilisés dans certains équipements industriels du secteur

Les ordres de grandeur sont considérables :

- Les énergies fossiles sont responsables d'environ 73% des émissions mondiales de GES d'origine humaine

- La répartition entre combustibles est inégale : le charbon génère environ 40% des émissions liées aux fossiles, le pétrole 34% et le gaz naturel 21%

- Les secteurs de l'électricité et du chauffage (42%), des transports (25%) et de l'industrie (19%) sont les principaux émetteurs finaux

Comparaison entre combustibles

L'intensité carbone (émissions par unité d'énergie produite) varie significativement entre les combustibles :

- Charbon : 95-100 kg CO_2/GJ

- Pétrole : 70-75 kg CO_2/GJ

- Gaz naturel : 50-55 kg CO_2/GJ

Ces différences s'expliquent par les ratios hydrogène/carbone variables dans les molécules constituant ces combustibles : plus la proportion d'hydrogène est élevée, moins les émissions de CO_2 sont importantes pour une même quantité d'énergie produite.

Toutefois, cette comparaison doit être nuancée par la prise en compte :

- Des émissions en amont (extraction, traitement, transport)

- Des fuites de méthane, particulièrement significatives pour le gaz naturel

- Des rendements variables des technologies de conversion

Trajectoires d'émissions et budgets carbone

Les émissions issues des combustibles fossiles ont connu une croissance spectaculaire :

- Multipliées par 3 depuis 1960

- Augmentation moyenne de 1,3% par an sur les deux dernières décennies

- Plateau temporaire entre 2014 et 2016, suivi d'une nouvelle croissance

- Baisse conjoncturelle lors de la pandémie de COVID-19, suivie d'un rebond

Or, les travaux du GIEC (Groupe d'experts intergouvernemental sur l'évolution du climat) établissent des "budgets carbone" – quantités maximales de CO_2 pouvant encore être émises pour limiter le réchauffement global à différents niveaux :

- Pour 1,5°C : environ 500 Gt CO_2 restantes (soit environ 12 ans au rythme actuel)

- Pour 2°C : environ 1 350 Gt CO_2 (environ 32 ans)

Ces budgets impliquent une décarbonation rapide de l'économie mondiale, avec des conséquences majeures pour l'avenir des énergies fossiles : selon les scénarios compatibles avec l'Accord de Paris, 60 à 80% des réserves prouvées devraient rester inexploitées.

Autres pollutions atmosphériques : impacts sur la santé et les écosystèmes

Au-delà des gaz à effet de serre, la combustion des énergies fossiles génère d'autres polluants atmosphériques aux impacts sanitaires et environnementaux significatifs.

Principaux polluants et leurs sources

Les combustibles fossiles émettent divers polluants selon leur composition et les conditions de combustion :

- **Oxydes d'azote (NOx)** : formés à haute température lors de la combustion

    o Sources principales : moteurs à combustion interne, centrales thermiques

    o Impacts : smog photochimique, pluies acides, problèmes respiratoires

- **Dioxyde de soufre (SO_2)** : issu du soufre présent dans les combustibles

    o Sources principales : charbon et fioul lourd à haute teneur en soufre

- o Impacts : pluies acides, aérosols sulfatés, maladies respiratoires
- **Particules fines (PM2.5, PM10)** : particules solides microscopiques
  - o Sources principales : diesel, charbon, combustion de biomasse
  - o Impacts : maladies cardiovasculaires et respiratoires, cancer du poumon
- **Composés Organiques Volatils (COV)** : hydrocarbures évaporés
  - o Sources principales : distribution d'essence, solvants, combustion incomplète
  - o Impacts : précurseurs d'ozone troposphérique, certains sont cancérigènes
- **Monoxyde de carbone (CO)** : résultat d'une combustion incomplète
  - o Sources principales : moteurs essence, chauffage défectueux
  - o Impacts : réduction du transport d'oxygène dans le sang, toxicité aiguë
- **Métaux lourds** : mercure, plomb, arsenic présents dans certains combustibles
  - o Sources principales : charbon, certains pétroles lourds
  - o Impacts : neurotoxicité, bioaccumulation dans les chaînes alimentaires

Conséquences sanitaires et coûts associés

L'impact sanitaire de ces pollutions est considérable :

- Selon l'OMS, environ 4,2 millions de décès prématurés annuels sont attribuables à la pollution de l'air extérieur, dont une large part liée aux combustibles fossiles

- Les pathologies concernées incluent accidents vasculaires cérébraux, cardiopathies, cancers du poumon, maladies respiratoires chroniques et aiguës

- Les enfants, personnes âgées et populations à faibles revenus sont particulièrement vulnérables

- Les coûts économiques associés (soins de santé, perte de productivité, mortalité prématurée) sont estimés entre 2 et 5% du PIB mondial selon les méthodologies

Réglementations et progrès technologiques

Face à ces enjeux, des réglementations de plus en plus strictes ont été mises en place :

- Standards d'émissions pour les véhicules (normes Euro en Europe, Tier aux États-Unis)

- Directives sur les grandes installations de combustion (centrales électriques, raffineries)

- Zones à faibles émissions dans les villes

- Plafonds d'émissions nationaux

Ces réglementations ont stimulé des avancées technologiques significatives :

- Systèmes de traitement des fumées dans les centrales électriques :

  o Désulfuration par lavage humide ou sec

  o Réduction catalytique sélective des NOx

  o Filtres à particules et précipitateurs électrostatiques

- Technologies automobiles plus propres :

- o Pots catalytiques trois voies
- o Filtres à particules diesel
- o Systèmes SCR (Selective Catalytic Reduction)
- Carburants reformulés :
  - o Essence et diesel à très faible teneur en soufre
  - o Additifs améliorant la combustion
  - o Biocomposants réduisant certaines émissions

Ces progrès ont permis de découpler partiellement croissance économique et pollution atmosphérique dans de nombreux pays développés, bien que la situation reste préoccupante dans de nombreuses régions en développement rapide.

Contaminations des sols et des eaux

L'extraction, le transport et le raffinage des énergies fossiles peuvent entraîner des contaminations significatives des sols et des ressources hydriques.

Impacts liés à l'extraction

Chaque type d'extraction présente des risques spécifiques :

Mines de charbon :

- Drainage minier acide : oxydation des sulfures exposés générant des eaux acides chargées en métaux lourds
- Perturbation des aquifères et assèchement de sources
- Affaissements de terrain affectant les écoulements superficiels
- Contamination par les poussières de charbon et résidus de traitement

Extraction pétrolière :

- Déversements accidentels sur les sites de production

- Contamination par les eaux de production (eau extraite avec le pétrole, souvent salée et contenant des hydrocarbures)

- Fuites de puits abandonnés ou mal cimentés

- Cas spécifique de la fracturation hydraulique :

  - Risques potentiels de contamination des aquifères par les fluides injectés

  - Consommation importante d'eau dans certaines régions sous stress hydrique

  - Gestion des eaux de reflux contenant additifs chimiques, minéraux dissous et parfois éléments radioactifs naturels

Sables bitumineux :

- Perturbation massive des écosystèmes pour l'extraction à ciel ouvert

- Bassins de décantation des résidus couvrant de vastes surfaces

- Consommation et contamination d'importantes quantités d'eau

Pollutions liées au transport et au raffinage

Le transport des hydrocarbures présente des risques spécifiques :

- **Marées noires** : déversements massifs en mer lors d'accidents de pétroliers ou de plateformes

  - Impacts écologiques à court terme (mortalité directe) et long terme (perturbation des écosystèmes)

  - Exemples emblématiques : Exxon Valdez (1989), Deepwater Horizon (2010)

- **Fuites d'oléoducs et gazoducs** :
  - Causes principales : corrosion, défauts de construction, dommages externes
  - Contamination des sols et des nappes phréatiques, parfois sur des surfaces importantes

Les installations de raffinage et de traitement génèrent également des pollutions :

- Rejets d'effluents liquides contenant hydrocarbures, métaux, composés azotés et soufrés
- Fuites de réservoirs de stockage, particulièrement des systèmes anciens
- Sites historiques de raffineries et d'usines à gaz présentant des contaminations persistantes

Techniques de remédiation et restauration

Diverses approches sont développées pour traiter ces contaminations :

- **Techniques in-situ** (traitement sur place) :
  - Biodégradation stimulée (bioremédiation) : utilisation de micro-organismes naturels
  - Oxydation chimique : injection d'oxydants pour dégrader les contaminants
  - Extraction sous vide, air sparging, pompage et traitement des eaux souterraines
- **Techniques ex-situ** (après excavation) :
  - Traitement thermique (incinération, désorption thermique)
  - Lavage des sols

o Traitement biologique en biotertre

- **Approches de confinement** :
    o Barrières physiques pour isoler la contamination
    o Solidification/stabilisation des contaminants
    o Phytostabilisation utilisant certaines plantes

La restauration complète des écosystèmes après exploitation minière ou pétrolière représente un défi considérable. Les approches modernes visent à :

- Rétablir la topographie et l'hydrologie proches de l'état initial
- Recréer des sols fonctionnels capables de supporter la végétation
- Réintroduire des espèces végétales et animales adaptées
- Assurer un suivi à long terme de la résilience des écosystèmes restaurés

Ces opérations, coûteuses et techniquement complexes, font l'objet d'obligations légales croissantes mais d'application variable selon les juridictions.

Empreinte spatiale et fragmentation des habitats

Au-delà des pollutions chimiques, l'exploitation des énergies fossiles transforme physiquement les territoires, avec des impacts significatifs sur les écosystèmes et la biodiversité.

L'emprise territoriale de l'extraction

Les différentes méthodes d'extraction présentent des empreintes spatiales variées :

Mines de charbon à ciel ouvert :

- Perturbation complète des écosystèmes sur de vastes surfaces (parfois plusieurs dizaines de km²)

- Création de fosses profondes et de terrils modifiant radicalement la topographie

- Détournement des cours d'eau et modification des bassins versants

- Exemples extrêmes : mines de lignite allemandes, exploitations du Powder River Basin américain

Exploitation du pétrole et gaz conventionnels :

- Empreinte directe relativement limitée (plateformes, puits, installations de traitement)

- Réseau d'infrastructures connexes plus étendu (routes d'accès, pipelines, lignes électriques)

- Perturbations indirectes : bruit, poussière, trafic, éclairage nocturne

Pétrole et gaz non conventionnels :

- Densité plus élevée de puits (forages multiples nécessaires)

- Fragmentation accrue des habitats par le réseau routier et les infrastructures

- Cas particulier des sables bitumineux : transformation radicale du paysage sur des centaines de km²

Infrastructures de transport et transformation :

- Corridors linéaires des pipelines et lignes électriques

- Emprises industrielles des raffineries et installations pétrochimiques

- Terminaux portuaires spécialisés

Conséquences sur la biodiversité

Cette transformation des territoires affecte la biodiversité à plusieurs niveaux :

- **Fragmentation des habitats** : division d'habitats continus en parcelles isolées
  - Réduction de la connectivité écologique
  - Création d'effets de bordure modifiant les conditions écologiques
  - Perturbation des routes migratoires
- **Perturbation des comportements** :
  - Sensibilité de certaines espèces au bruit, aux vibrations, à la lumière artificielle
  - Modification des comportements de reproduction et d'alimentation
  - Évitement des zones exploitées par certaines espèces emblématiques
- **Effets cumulatifs** :
  - Combinaison des impacts directs et indirects
  - Synergie avec d'autres pressions environnementales (changement climatique, urbanisation)
  - Effets à long terme persistant après la phase d'exploitation

Stratégies d'atténuation et bonnes pratiques

Pour limiter ces impacts, plusieurs approches sont développées :

- **Planification intégrée du territoire** :
  - Identification préalable des zones sensibles à éviter
  - Corridors d'infrastructures partagés

- o Concentration des installations pour minimiser l'empreinte totale
- **Techniques de construction et d'exploitation à impact réduit** :
  - o Forages dirigés multiples depuis une plateforme unique
  - o Construction hors des périodes sensibles (reproduction, migration)
  - o Réduction du bruit, de l'éclairage, de la poussière
  - o Mesures anti-collisions pour la faune (oiseaux, chauve-souris)
- **Compensation écologique** :
  - o Protection ou restauration d'habitats similaires ailleurs
  - o Création de corridors écologiques compensatoires
  - o Programmes de conservation des espèces affectées
- **Restauration progressive** :
  - o Réhabilitation des zones perturbées dès qu'elles ne sont plus nécessaires
  - o Revégétalisation avec des espèces indigènes
  - o Recréation des conditions hydrologiques d'origine

L'application de ces mesures varie considérablement selon les contextes réglementaires, les régions et les opérateurs, avec des exemples de meilleures pratiques mais aussi des cas de dégradation persistante.

Enjeux spécifiques aux milieux marins et arctiques

Certains environnements particulièrement sensibles présentent des vulnérabilités spécifiques face à l'exploitation des énergies fossiles.

Les défis de l'exploitation offshore

L'exploitation pétrolière et gazière en mer pose des enjeux particuliers :

- **Risques de déversements** :
  - Accidents majeurs (Deepwater Horizon, 2010)
  - Fuites chroniques de moindre ampleur
  - Comportement spécifique des hydrocarbures en milieu marin (dispersion, émulsification, sédimentation)

- **Impact des campagnes sismiques** :
  - Ondes acoustiques puissantes pouvant perturber les mammifères marins
  - Débats scientifiques sur les effets à long terme sur différentes espèces

- **Perturbations physiques des fonds marins** :
  - Ancrage des plateformes et installations sous-marines
  - Tranchées pour pipelines
  - Rejets de déblais de forage créant des zones de sédimentation modifiée

- **Introduction d'habitats artificiels** :
  - Effet récif des structures immergées
  - Colonisation par des espèces parfois non natives
  - Débat sur l'intérêt du "rigs-to-reefs" (conversion des plateformes désaffectées en récifs artificiels)

La fragilité des écosystèmes arctiques

L'Arctique, nouvelle frontière de l'exploitation pétrolière et gazière, présente des vulnérabilités particulières :

- **Lenteur des processus écologiques** :
  - Croissance et reproduction des organismes ralentie par les basses températures
  - Décomposition plus lente des contaminants
  - Temps de récupération des écosystèmes très allongés
- **Comportement spécifique des hydrocarbures** :
  - Dégradation biologique limitée par les températures basses
  - Piégeage possible dans/sous la glace
  - Difficultés accrues de nettoyage en cas de déversement
- **Sensibilité accrue des chaînes alimentaires** :
  - Réseaux trophiques relativement simples, plus vulnérables aux perturbations
  - Bioaccumulation importante dans les prédateurs (ours polaires, phoques)
  - Présence d'espèces emblématiques migratrices
- **Défis logistiques et techniques** :
  - Conditions météorologiques extrêmes limitant les capacités d'intervention
  - Éloignement des infrastructures de support
  - Saison d'opération limitée par la glace et l'obscurité hivernale

Ces particularités ont conduit à des restrictions d'exploration dans certaines zones arctiques (moratoires temporaires aux États-Unis et au Canada) et à des exigences techniques renforcées, tout en maintenant un débat vif sur la compatibilité entre préservation de ces écosystèmes uniques et exploitation des ressources fossiles.

Intégrer les impacts environnementaux : de l'analyse du cycle de vie aux coûts externes

Pour appréhender pleinement l'empreinte environnementale des énergies fossiles, des approches systémiques sont nécessaires.

L'analyse du cycle de vie : vision holistique des impacts

L'analyse du cycle de vie (ACV) évalue les impacts environnementaux tout au long de la chaîne de valeur :

- **Étapes considérées** :
    - Exploration et extraction ("du puits...")
    - Transport et raffinage/traitement
    - Distribution et utilisation finale ("...à la roue" ou "...à la cheminée")
    - Démantèlement des installations
- **Catégories d'impacts évaluées** :
    - Changement climatique (émissions de GES)
    - Acidification (pluies acides)
    - Eutrophisation (enrichissement excessif des milieux aquatiques)
    - Toxicité humaine et écotoxicité
    - Utilisation des terres
    - Épuisement des ressources
- **Résultats comparatifs** :

- Charbon : impacts généralement les plus élevés dans la plupart des catégories

- Pétrole : position intermédiaire, avec variations importantes selon les sources et technologies

- Gaz naturel : impacts souvent plus faibles mais significativement influencés par les fuites de méthane

Ces analyses permettent d'identifier les "points chauds" environnementaux de chaque filière et d'éviter les déplacements de pollution d'une étape à l'autre ou d'une catégorie d'impact à une autre.

La monétisation des externalités : intégrer les coûts cachés

Les "externalités" sont des coûts supportés par la société et l'environnement mais non reflétés dans les prix du marché. Leur évaluation économique, bien qu'imparfaite, permet de comparer les coûts réels des différentes options énergétiques :

- **Principales externalités monétisées** :

    - Coûts sanitaires de la pollution atmosphérique

    - Dommages aux cultures et infrastructures (pluies acides, ozone)

    - Coûts des impacts climatiques

    - Dégradation des écosystèmes et pertes de biodiversité

- **Ordres de grandeur** (variables selon les méthodologies) :

    - Charbon : 70-180€/MWh d'externalités

    - Pétrole : 50-120€/MWh

    - Gaz naturel : 30-60€/MWh

- o Pour comparaison : énergies renouvelables typiquement 5-20€/MWh

- **Applications pratiques** :
  - o Analyse coûts-bénéfices des politiques environnementales
  - o Conception de taxes pigouviennes (principe pollueur-payeur)
  - o Orientation des investissements publics et privés
  - o Élaboration de scénarios de transition énergétique

Vers une comptabilité environnementale intégrée

Au-delà des analyses techniques, des efforts sont déployés pour intégrer systématiquement les dimensions environnementales dans les processus décisionnels :

- **Au niveau des entreprises** :
  - o Reporting environnemental standardisé
  - o Comptabilité carbone et objectifs de réduction
  - o Évaluation des risques environnementaux et climatiques
  - o Intégration de critères ESG (Environnementaux, Sociaux et de Gouvernance)

- **Au niveau des États** :
  - o Comptabilité nationale environnementale
  - o Indicateurs de bien-être alternatifs au PIB
  - o Stress tests climatiques du système financier
  - o Budgets carbone nationaux et sectoriels

- **Au niveau international** :

- Accords multilatéraux (Accord de Paris)
- Mécanismes de coopération (transferts de technologies, financements climat)
- Standardisation des méthodologies d'évaluation et de reporting

Cette intégration progressive de la dimension environnementale modifie les perspectives économiques des énergies fossiles, faisant apparaître certaines utilisations comme non viables à long terme lorsque l'ensemble des coûts est pris en compte.

À retenir

Les impacts environnementaux des énergies fossiles sont multiples, s'étendant de l'échelle locale (pollutions des sols, de l'eau et de l'air) à l'échelle globale (changement climatique), et des effets immédiats aux conséquences à long terme sur les écosystèmes et la biodiversité.

Si des progrès technologiques et réglementaires significatifs ont permis de réduire certains impacts, notamment les pollutions atmosphériques conventionnelles dans les pays développés, le défi fondamental demeure : la combustion des énergies fossiles libère inévitablement du carbone précédemment séquestré dans le sous-sol, contribuant au réchauffement climatique.

Les approches d'évaluation holistiques (analyse du cycle de vie, monétisation des externalités) démontrent que les coûts environnementaux "cachés" des énergies fossiles dépassent souvent largement leur prix de marché. Cette reconnaissance progressive des coûts réels constitue un moteur puissant de la transition énergétique, aux côtés des innovations technologiques rendant les alternatives renouvelables de plus en plus compétitives.

L'enjeu contemporain consiste à gérer cette transition de manière à minimiser les impacts environnementaux cumulés : réduire au maximum l'empreinte des infrastructures fossiles existantes tout en développant les alternatives avec la plus grande attention à leurs propres impacts potentiels.

Étape 10 : Perspectives d'avenir - Entre épuisement et transition énergétique

Le pic pétrolier : de la géologie à l'économie

La question de l'épuisement des ressources fossiles, particulièrement du pétrole, a connu des évolutions conceptuelles majeures au cours des dernières décennies, passant d'une approche purement géologique à une vision plus complexe intégrant facteurs économiques, technologiques et politiques.

L'évolution du concept de pic pétrolier

La théorie du "peak oil" (pic pétrolier) trouve ses racines dans les travaux du géologue Marion King Hubbert qui, en 1956, prédit correctement que la production pétrolière américaine atteindrait un maximum autour de 1970, avant de décliner inexorablement. Ce modèle, appliqué à l'échelle mondiale, suggérait un pic global au début du XXIe siècle.

L'approche originelle reposait sur plusieurs principes :

- Les découvertes pétrolières suivent une courbe en cloche

- La production suit la même courbe avec un décalage temporel

- Le déclin post-pic est inévitable et largement déterminé par la géologie

Cette vision a connu plusieurs révisions importantes :

1. **Du pic de production au plateau ondulant** : reconnaissance d'une période prolongée de production relativement stable avant déclin, influencée par des facteurs économiques et politiques

2. **De la contrainte d'offre à la contrainte de demande** : émergence du concept de "pic de demande", suggérant que

la consommation de pétrole pourrait plafonner et décliner en raison des politiques climatiques et de la compétition technologique, avant même l'épuisement géologique

3. **De l'épuisement absolu à l'épuisement économique** : reconnaissance que la question n'est pas tant la quantité totale restante que celle économiquement extractible dans un contexte de prix et technologies donné

Le rôle des avancées technologiques

Les prédictions de déclin imminent ont été régulièrement contredites par des innovations techniques permettant d'accéder à de nouvelles ressources :

- **Offshore profond et ultra-profond** : développement des capacités d'exploration et production à des profondeurs d'eau dépassant 3000 mètres

- **Récupération assistée avancée** : méthodes thermiques, chimiques et gazeuses augmentant le taux de récupération des gisements conventionnels de 30-40% à potentiellement 50-60%

- **Pétroles non conventionnels** : exploitation des sables bitumineux canadiens, des pétroles extra-lourds vénézuéliens et surtout, révolution du pétrole de schiste américain

Ces avancées ont considérablement élargi la base de ressources techniquement récupérables, déplaçant la contrainte de la disponibilité physique vers d'autres facteurs : économiques (coût d'extraction), environnementaux (impacts acceptables) et climatiques (budget carbone limité).

Perspectives actuelles : la fin de l'ère du pétrole facile

Le consensus émergent parmi les experts dessine une vision nuancée :

- Le "pétrole facile" (conventionnel, terrestre, grandes découvertes) est effectivement en déclin depuis le milieu des années 2000

- La production totale a été maintenue et même augmentée grâce aux ressources non conventionnelles, mais à des coûts économiques et environnementaux croissants

- La courbe de découvertes ne compense plus la production annuelle depuis les années 1980, indiquant une dépendance croissante envers les gisements existants

- Les investissements nécessaires pour maintenir la production face au déclin naturel des champs (typiquement 4-7% par an) sont considérables

Cette situation suggère que même sans contrainte climatique, l'ère du pétrole abondant et bon marché touche à sa fin. Les implications concernent tant la sécurité énergétique que la structure de l'économie mondiale, largement construite sur l'hypothèse d'une énergie accessible et peu coûteuse.

La transition énergétique : moteurs et obstacles

Le mouvement vers un système énergétique moins dépendant des combustibles fossiles s'accélère, porté par différents facteurs mais confronté à des défis persistants.

Facteurs d'accélération de la transition

Plusieurs forces convergentes poussent à la transformation du système énergétique :

- **Impératif climatique** : nécessité de réduire drastiquement les émissions de CO_2 pour limiter le réchauffement, conformément aux objectifs de l'Accord de Paris

  - Trajectoires scientifiques exigeant la neutralité carbone vers 2050 pour limiter le réchauffement à 1,5°C

- Engagements nationaux de plus en plus ambitieux (Net Zero pledges)
- Risques physiques croissants des impacts climatiques stimulant l'action

- **Compétitivité croissante des alternatives** :
  - Chute spectaculaire des coûts du solaire photovoltaïque (-90% en dix ans)
  - Éolien terrestre et offshore devenant les sources d'électricité les moins chères dans de nombreux marchés
  - Progrès rapides des batteries et de l'électrification des transports
  - Développement de technologies de l'hydrogène pour les secteurs difficiles à électrifier

- **Préoccupations géopolitiques et de sécurité énergétique** :
  - Volonté de réduire les dépendances stratégiques aux importations
  - Diversification des sources d'énergie après les crises (chocs pétroliers, crise gazière européenne)
  - Avantages des énergies domestiques renouvelables en termes de souveraineté

- **Pression sociale et financière** :
  - Mobilisation citoyenne pour l'action climatique
  - Mouvement de désinvestissement des énergies fossiles
  - Intégration croissante des risques climatiques dans les décisions d'investissement

- Exigences de transparence sur les risques climatiques des entreprises

Freins et limites à la transition

Malgré ces moteurs, la transition fait face à des obstacles substantiels :

- **Inertie des infrastructures existantes** :
    - Longue durée de vie des centrales électriques, raffineries, réseaux de distribution
    - "Lock-in" technologique et risque d'actifs échoués
    - Coût élevé du remplacement anticipé des équipements

- **Défis techniques de l'intégration des renouvelables** :
    - Intermittence nécessitant flexibilité et stockage
    - Besoins d'adaptation des réseaux électriques
    - Secteurs difficiles à décarboner (aviation, maritime, certains procédés industriels)

- **Considérations socio-économiques** :
    - Impacts sur l'emploi dans les régions dépendantes des fossiles
    - Accessibilité économique de l'énergie pendant la transition
    - Acceptabilité sociale des nouvelles infrastructures
    - Disponibilité des compétences et chaînes d'approvisionnement

- **Disparités internationales** :
    - Capacités financières et technologiques inégales

- Priorités divergentes entre pays développés et en développement
- Défis spécifiques des économies fortement dépendantes de la production fossile

La question du rythme optimal

Un débat central concerne le rythme approprié de la transition :

- **Approche gradualiste** : transition progressive permettant l'adaptation des systèmes économiques et sociaux, mais risquant de dépasser les budgets carbone compatibles avec les objectifs climatiques

- **Approche transformationnelle** : changement rapide et systémique aligné sur l'urgence climatique, mais posant des défis d'acceptabilité sociale et de stabilité économique

- **Approches hybrides** : accélération sectorielle différenciée, combinant transformation rapide des secteurs mûrs pour la transition (électricité) et approche plus progressive pour les secteurs plus difficiles (industrie lourde)

Ce débat s'inscrit dans un contexte d'incertitude persistante sur les technologies futures, les comportements sociaux et les trajectoires économiques, plaidant pour des stratégies robustes et adaptatives.

Le rôle évolutif des énergies fossiles dans un monde en transition

Même dans les scénarios de décarbonation ambitieux, les énergies fossiles conservent un rôle significatif pendant la période de transition, mais ce rôle se transforme progressivement.

Évolution de la place des fossiles dans le mix énergétique

Les projections des différentes institutions énergétiques dessinent plusieurs trajectoires possibles :

- **Scénarios tendanciels** (business-as-usual) : part des fossiles diminuant modérément, de 80% actuellement à 65-70% en 2050

- **Scénarios de politiques annoncées** (engagements nationaux actuels) : part des fossiles réduite à 55-60% en 2050

- **Scénarios compatibles avec 1,5-2°C** : réduction drastique à 20-30% en 2050, principalement dans des applications spécifiques avec captage du carbone

Ces trajectoires impliquent des rythmes et ampleurs de déclin très différents pour chaque combustible :

- **Charbon** : déclin rapide et prononcé dans tous les scénarios ambitieux, avec élimination quasi-complète de la production électrique non équipée de captage du carbone

- **Pétrole** : plateau puis déclin modéré dans les scénarios intermédiaires, déclin rapide (3-4% par an) dans les scénarios ambitieux, affectant principalement le secteur des transports via l'électrification et les carburants alternatifs

- **Gaz naturel** : trajectoire plus contrastée avec potentiel de croissance à moyen terme comme "énergie de transition" remplaçant le charbon, avant déclin ou stabilisation avec captage du carbone dans les scénarios ambitieux

Transformation qualitative des usages

Au-delà de la réduction quantitative, la nature même de l'utilisation des fossiles se transforme :

- **Modification du mix produits :**

  o Transition de la production de carburants vers la pétrochimie

  o Valorisation accrue des co-produits et spécialités

- o Développement de carburants de synthèse à partir d'hydrogène et CO_2 capté

- **Intégration des technologies bas-carbone** :

  - o Captage et stockage du CO_2 dans la production électrique et l'industrie lourde

  - o Hybridation avec les renouvelables (centrales flexibles, cogénération)

  - o Production d'hydrogène "bleu" à partir de gaz naturel avec captage du CO_2

- **Évolution des modèles d'affaires** :

  - o Transition des entreprises fossiles vers des fournisseurs d'énergie diversifiés

  - o Développement de services énergétiques plutôt que simple fourniture de commodités

  - o Valorisation des infrastructures existantes pour les nouveaux vecteurs (hydrogène, CO_2)

La question des actifs échoués et de la transition juste

La restructuration du secteur des énergies fossiles soulève d'importants enjeux économiques et sociaux :

- **Risque d'actifs échoués** (stranded assets) :

  - o Dévalorisation anticipée des réserves, infrastructures et équipements

  - o Impact potentiel sur la stabilité financière (exposition des banques, fonds de pension)

  - o Stratégies de désinvestissement progressif et de diversification des portefeuilles

- **Implications pour les régions et communautés dépendantes** :

- o Pertes d'emplois dans les bassins miniers et pétroliers traditionnels

- o Érosion des bases fiscales locales

- o Nécessité de politiques anticipatives de reconversion économique

- **Concept de "transition juste"** :

  - o Accompagnement social des travailleurs des secteurs en déclin

  - o Développement de nouvelles opportunités économiques dans les territoires concernés

  - o Partage équitable des coûts et bénéfices de la transition entre groupes sociaux

Ces considérations soulignent l'importance d'une gestion proactive de la transition, ne se limitant pas à ses dimensions technologiques et économiques, mais intégrant pleinement ses dimensions sociales et territoriales.

Innovations et ruptures potentielles

L'avenir des énergies fossiles pourrait être significativement influencé par des innovations technologiques modifiant leur empreinte environnementale ou créant des substituts compétitifs.

Technologies de décarbonation des fossiles

Plusieurs approches visent à réconcilier utilisation des fossiles et objectifs climatiques :

- **Captage et stockage du carbone (CSC/CCS)** :

  - o Captage post-combustion : extraction du CO_2 des fumées

  - o Captage pré-combustion : séparation du CO_2 avant combustion (gazéification, reformage)

- o Oxy-combustion : utilisation d'oxygène pur pour faciliter le captage

- o Stockage géologique dans d'anciens gisements, aquifères salins ou formations basaltiques

Défis persistants : coûts élevés (60-100€/tonne de CO_2), besoin d'infrastructures massives de transport et stockage, acceptabilité sociale des sites de stockage

- **Captage et utilisation du carbone (CCU)** :

  - o Conversion du CO_2 en produits chimiques, matériaux ou combustibles

  - o Applications prometteuses : carbonates minéraux, polymères, carburants de synthèse

  - o Limites : demande énergétique élevée des procédés, marchés limités pour les produits

- **Pyrolyse du méthane** :

  - o Décomposition du gaz naturel en hydrogène et carbone solide

  - o Avantage : pas d'émission directe de CO_2, valorisation possible du carbone dans les matériaux

  - o Stade : développement précoce, démonstrations à petite échelle

Ces technologies, bien que prometteuses, ne représentent pas des solutions universelles en raison de leurs coûts, de leurs propres besoins énergétiques et des limites d'échelle de déploiement.

Alternatives émergentes aux usages traditionnels

De nouvelles approches pourraient transformer radicalement certains secteurs clés :

- **Pour les transports** :

- Mobilité électrique avec batteries avancées (solide-state, nouvelles chimies)

- Hydrogène et piles à combustible pour le transport lourd

- Carburants synthétiques neutres en carbone pour l'aviation

- Nouveaux concepts de mobilité (autonome, partagée, multimodale)

- **Pour l'industrie** :

  - Électrification directe des procédés thermiques

  - Hydrogène comme agent réducteur en sidérurgie

  - Matériaux biosourcés remplaçant les dérivés pétrochimiques

  - Procédés catalytiques avancés à basse température

- **Pour le bâtiment** :

  - Pompes à chaleur haute performance

  - Matériaux super-isolants

  - Stockage thermique intersaisonnier

  - Conception bioclimatique avancée

Ces innovations pourraient accélérer la substitution des énergies fossiles au-delà des projections actuelles si elles bénéficient d'économies d'échelle rapides et d'un écosystème favorable.

Scénarios de rupture et incertitudes critiques

Au-delà des tendances identifiables, plusieurs ruptures potentielles pourraient transformer radicalement le paysage énergétique :

- **Ruptures technologiques** :

- Percée majeure dans le stockage d'énergie (batteries à ultra-haute densité, nouveaux concepts)
- Développement commercial de la fusion nucléaire
- Avancées inattendues dans les matériaux (supraconducteurs à température ambiante, nouveaux catalyseurs)
- Intelligence artificielle accélérant la découverte et l'optimisation de nouveaux procédés

- **Ruptures géopolitiques ou économiques** :
  - Crise majeure d'approvisionnement accélérant les substitutions
  - Coalition internationale imposant un prix carbone élevé et harmonisé
  - Transformation du système financier intégrant pleinement les risques climatiques
  - Évolution des préférences sociétales vers la sobriété énergétique

- **Points de bascule climatiques** :
  - Accélération des impacts rendant l'action plus urgente
  - Développement rapide des techniques de géo-ingénierie
  - Renforcement drastique des réglementations en réponse aux événements extrêmes

Face à ces incertitudes, les stratégies robustes impliquent une diversification des options, une flexibilité d'adaptation et une attention continue aux signaux faibles annonciateurs de changements systémiques.

Vers une civilisation post-fossile : enjeux et opportunités

Au-delà des aspects techniques et économiques, la transition vers une société moins dépendante des énergies fossiles soulève des questions fondamentales sur notre modèle de développement.

Repenser les systèmes énergétiques

La transition implique non seulement la substitution de sources d'énergie mais une restructuration profonde des systèmes :

- **D'une logique centralisée à une architecture distribuée** :
    o Production décentralisée proche des lieux de consommation
    o Réseaux intelligents bidirectionnels
    o Emergence de communautés énergétiques locales
    o Complémentarité entre solutions centralisées et décentralisées

- **D'une logique de flux à une logique de stock** :
    o Passage d'énergies continuellement extraites à des infrastructures captant les flux naturels
    o Investissements initiaux plus élevés mais coûts opérationnels réduits
    o Importance accrue du stockage sous diverses formes
    o Gestion optimisée de la demande plutôt que simple adaptation de l'offre

- **D'une approche sectorielle à une approche systémique** :
    o Intégration croissante électricité-chaleur-mobilité-industrie
    o Optimisation intersectorielle (power-to-X, chaleur fatale, cogénération)

- o Planification coordonnée des infrastructures
- o Conception holistique des politiques énergétiques

Ces transformations nécessitent de nouveaux cadres réglementaires, modèles d'affaires et compétences professionnelles, créant à la fois des défis d'adaptation et des opportunités d'innovation.

Implications sociétales et culturelles

La transition post-fossile dépasse largement la sphère technique pour toucher aux fondements de nos sociétés :

- **Relation à la consommation énergétique** :
  - o Passage d'une énergie perçue comme illimitée à une conscience des limites
  - o Développement d'une "culture de l'efficacité" valorisant la qualité du service plutôt que la quantité d'énergie
  - o Questionnement des besoins (mobilité, confort thermique, biens matériels) plutôt que simple optimisation technique
- **Organisation des territoires** :
  - o Remise en question de l'urbanisme façonné par l'énergie abondante et les transports individuels
  - o Relocalisation potentielle de certaines activités économiques
  - o Revitalisation des territoires par les énergies renouvelables distribuées
  - o Repensée des liens urbain-rural autour des flux d'énergie et de matière
- **Rapport au temps et aux rythmes** :

- Adaptation partielle aux cycles naturels des énergies renouvelables
- Importance accrue de la flexibilité et du stockage
- Valorisation potentielle de la sobriété temporelle (ralentissement de certains processus)

- **Gouvernance et citoyenneté énergétique** :
  - Participation citoyenne aux projets énergétiques locaux
  - Transparence et démocratisation des choix énergétiques
  - Nouvelles formes de propriété et gestion collective des infrastructures

Ces dimensions culturelles et sociétales de la transition sont souvent sous-estimées, alors qu'elles peuvent constituer des leviers puissants de transformation ou, au contraire, des sources de résistance significatives.

Opportunités économiques de la transition

Au-delà des coûts et contraintes, la transition ouvre d'importantes perspectives de création de valeur :

- **Nouveaux secteurs industriels** :
  - Fabrication d'équipements renouvelables à grande échelle
  - Technologies de stockage et de gestion intelligente
  - Services d'efficacité énergétique et rénovation
  - Économie circulaire et valorisation des ressources secondaires

- **Transformation des compétences et métiers** :

- o   Reconversion des savoir-faire des industries fossiles

- o   Développement de formations adaptées aux nouvelles technologies

- o   Expansion des services énergétiques et de la maintenance

- o   Nouveaux métiers à l'interface technologie-société

- **Bénéfices macro-économiques potentiels** :

  - o   Réduction des importations énergétiques pour les pays consommateurs

  - o   Stabilisation des prix énergétiques à long terme

  - o   Diminution des externalités environnementales et sanitaires

  - o   Résilience accrue face aux chocs géopolitiques

  - o   Innovation stimulée par les contraintes de décarbonation

Les analyses économiques récentes tendent à montrer que, correctement gérée, la transition énergétique peut générer une croissance économique nette positive, particulièrement si les co-bénéfices environnementaux et sanitaires sont pris en compte et si les politiques d'accompagnement social sont adéquates.

À retenir

L'ère des énergies fossiles, qui a propulsé le développement économique mondial pendant plus d'un siècle, approche d'une phase de transformation profonde. Cette évolution résulte de la convergence de multiples facteurs : prise de conscience des limites environnementales, notamment climatiques ; épuisement progressif des ressources conventionnelles les plus accessibles ; et émergence de technologies alternatives compétitives.

Le rythme et les modalités précises de cette transition restent incertains, dépendant tant des percées technologiques que des choix politiques et sociétaux. Différents scénarios coexistent, depuis l'adaptation graduelle jusqu'à la transformation rapide et systémique du modèle énergétique.

Ce qui semble certain, c'est que les énergies fossiles ne disparaîtront pas brutalement mais verront leur rôle évoluer : déclin plus rapide pour le charbon que pour le gaz naturel, réorientation vers des usages spécifiques difficiles à substituer, intégration progressive de technologies de décarbonation.

Cette transition constitue un défi majeur de notre époque, nécessitant des investissements considérables, des adaptations structurelles de l'économie et une attention particulière aux impacts sociaux. Mais elle représente également une opportunité historique de construire un système énergétique plus durable, plus résilient et potentiellement plus équitable.

Comprendre les énergies fossiles – leur formation, leurs propriétés, leur exploitation et leurs impacts – reste essentiel pour naviguer intelligemment cette période charnière, qu'il s'agisse d'optimiser leur utilisation résiduelle, de développer des alternatives pertinentes ou de gérer leur substitution progressive dans le respect des équilibres économiques, sociaux et géopolitiques.

Conclusion

Au terme de ce parcours à travers les dix étapes de compréhension des énergies fossiles, nous mesurons mieux la complexité et l'importance de ces ressources qui ont façonné notre monde moderne. Du charbon qui a propulsé la révolution industrielle au pétrole qui a transformé la mobilité mondiale, en passant par le gaz naturel qui joue un rôle croissant dans la transition énergétique, ces hydrocarbures témoignent d'une histoire fascinante – celle de la Terre qui a patiemment transformé la matière organique en réservoirs d'énergie, et celle de l'humanité qui a appris à les exploiter avec une ingéniosité croissante.

Notre relation avec ces ressources est aujourd'hui à un point d'inflexion. Si les énergies fossiles ont été le moteur d'un développement économique sans précédent, permettant des avancées spectaculaires en termes de conditions de vie, de santé et de connaissances, elles posent désormais des défis considérables : dérèglement climatique, pollutions diverses, tensions géopolitiques, et perspective d'épuisement progressif des gisements les plus accessibles.

La transition vers un système énergétique moins dépendant des combustibles fossiles est engagée, à des rythmes variables selon les régions et les secteurs. Cette transformation n'est pas simplement un changement de sources d'énergie, mais une reconfiguration profonde de nos sociétés, de nos économies et de nos modes de vie. Elle implique de repenser nos infrastructures, nos habitudes de consommation, nos modèles économiques et nos relations internationales.

Dans ce contexte, comprendre les énergies fossiles ne relève pas d'un simple intérêt historique ou technique. C'est une clé essentielle pour appréhender les enjeux contemporains et naviguer intelligemment la période de transition qui s'ouvre. Que l'on soit décideur politique, acteur économique, ingénieur, investisseur ou simple citoyen, cette compréhension permet d'évaluer les options qui s'offrent à nous avec plus de discernement. À ce titre, elle complète naturellement l'analyse menée dans *Comprendre le nucléaire en 10 étapes*, qui s'intéressait à une autre source d'énergie majeure et aux défis spécifiques qu'elle soulève. Connaître les forces et limites de chaque technologie est indispensable pour construire un mix énergétique cohérent et adapté aux enjeux du XXIe siècle.

Les dix étapes que nous avons parcourues offrent un cadre d'analyse pour aborder ces questions complexes sans réductionnisme excessif. Elles nous rappellent que les dimensions géologiques, chimiques, techniques, économiques, géopolitiques et environnementales sont intimement liées et doivent être considérées ensemble pour élaborer des stratégies cohérentes.

Si l'avenir verra certainement une réduction progressive de la place des énergies fossiles dans notre mix énergétique global, la transition sera un processus long et complexe. L'enjeu n'est pas de diaboliser ces ressources qui ont tant contribué à notre développement, mais d'apprendre à les utiliser plus judicieusement pendant cette période de transformation : en optimisant leur efficacité, en minimisant leurs impacts environnementaux, en développant des technologies de décarbonation, et en préparant activement les alternatives.

La sagesse dans ce domaine consiste à éviter tant le déni des limites planétaires que le rejet idéologique de solutions pragmatiques de transition. Elle nous invite à une approche nuancée, fondée sur les connaissances scientifiques et techniques, attentive aux réalités économiques et sociales, et guidée par une vision à long terme de durabilité et d'équité.

Les énergies fossiles font partie de notre héritage et continueront d'influencer notre avenir, même dans un monde qui progressivement s'en détachera. Les comprendre, c'est nous donner les moyens d'écrire le prochain chapitre de notre histoire énergétique avec lucidité et responsabilité.

Bibliographie sélective

Ouvrages généraux

- Dr. Alexandre MOREAU (2024) *Comprendre le nucléaire en 10 étapes : La démystification de l'énergie nucléaire*

- Auzanneau, M. (2021). *Or noir : La grande histoire du pétrole*. La Découverte.

- Chevalier, J.M. (2019). *Les nouveaux défis de l'énergie : Climat, économie, géopolitique*. Economica.

- Smil, V. (2017). *Energy and Civilization: A History*. MIT Press.

- Yergin, D. (2020). *The New Map: Energy, Climate, and the Clash of Nations*. Penguin Press.

Aspects scientifiques et techniques

- Bauquis, P.R. & Bauquis, E. (2019). *Comprendre l'énergie*. Éditions Hirlé.

- Bourdaire, J.M. (2018). *Pétrole et gaz : Technologies et enjeux d'avenir*. Éditions Technip.

- Jancovici, J.M. (2022). *Dormez tranquilles jusqu'en 2100 : Et autres malentendus sur le climat et l'énergie*. Odile Jacob.

- Rojey, A. (2021). *Le gaz naturel : Production, traitement, transport*. Éditions Technip.

Économie et géopolitique

- Angelier, J.P. (2020). *Géopolitique de l'énergie : De la rivalité au partenariat*. De Boeck Supérieur.

- Cruciani, M. (2021). *La bataille des énergies : Quels choix pour quels avenirs ?* Éditions Le Pommier.

- Helm, D. (2020). *Net Zero: How We Stop Causing Climate Change*. William Collins.

- Stern, J. (2019). *The Future of Gas in the Era of Decarbonisation*. Oxford Institute for Energy Studies.

Environnement et transition énergétique

- Dessus, B. & Laponche, B. (2022). *En finir avec les énergies fossiles : Les solutions pour lutter contre le réchauffement climatique*. Seuil.

- Duruisseau, K. (2021). *Transition énergétique et territoire : Enjeux spatiaux, sociaux et politiques*. Éditions de la Sorbonne.

- Groupe d'experts intergouvernemental sur l'évolution du climat (2022). *Sixième rapport d'évaluation - Groupe de travail III : Atténuation du changement climatique*.

- International Energy Agency (2024). *World Energy Outlook 2024*. IEA Publications.

Ressources en ligne

- BP Statistical Review of World Energy - www.bp.com/statisticalreview

- International Energy Agency - www.iea.org

- U.S. Energy Information Administration - www.eia.gov

- Agence internationale pour les énergies renouvelables - www.irena.org

- The Shift Project - theshiftproject.org

- Our World in Data - Energy - ourworldindata.org/energy

www.ingramcontent.com/pod-product-compliance
Lightning Source LLC
La Vergne TN
LVHW051700050326
832903LV00032B/3924